人工知能時代を生き抜く子どもの育て方

How to raise a child
to survive the artificial
intelligence era

神野元基
Jinno Genki

Discover

人工知能時代を生き抜く子どもの育て方

How to raise a child
to survive the artificial
intelligence era

はじめに

子どもたちが「人工知能時代」を生き抜くためには、まず大人が変わる必要がある

「子どもにいつからスマホを使わせればいいのか分からない」

このような悩みを抱いたことはありませんか?

もしくは、すでにお子様がゲームやYouTubeに熱中しているという方もいらっしゃるかもしれません。「このままではスマホやゲーム中毒になってしまうのでは」と不安を感じている方も多いはずです。

しかし、そもそも**子どもがスマホに夢中になると、なぜ私たち大人は心配するのでしょう。**

学校の勉強をしなくなるかも。対面でコミュニケーションが取れなくなるかも。悪い事件に巻き込まれてしまうかも……。理由は様々です。

そしてその根本にあるのは、「スマホによって子どもが将来どうなるか分からない」という不安ではないでしょうか。なぜなら、私たちの子ども時代にはスマホが存在していません。自分が子ども時代に予想もしていなかったテクノロジーを、自分の子どもが使う。そのとき子どもが何を考えるのか、未来にどう影響するのか、自分の経験から想像がつかないことが不安の原因です。

これはスマホに限った話ではありません。**テクノロジーがわたしたちにもたらす影響を予測することは困難です。**しかも、その影響は急には現れません。社会は気づかないうちにジワジワと変容していくのです。

でも、一つだけ言えることがあります。

いま最先端のテクノロジーは、遅かれ早かれ空気のような存在として、社会に溶け込んでいくということです。

わかりやすい例がインターネットです。日本でインターネットが広がり始めたのは1993年ごろ。この本が出るたった24年前のことです。しかし、インターネットがここまで社会のあり方（働き方やコミュニケーションの仕方、余暇の過ごし方など）を変えるとは、ほとんどの人にとって想像もつきませんでした。

一方で、黎明期からインターネットに慣れ親しんでいた子どもたちは、いまＩＴの分野で大活躍をしています（いわゆる76世代や81世代*）。もし当時彼・彼女らの親が「自分にはよく分からないから」という理由でインターネットを禁止していたら、いま日本のＩＴ企業は生まれていません。

子どもの可能性を広げるために、私たちに求められることはふたつです。**ひとつは、最先端テクノロジーに対して寛容になること。もうひとつはそれがも**

76世代や81世代：76（ナナロク）世代は1976年前後、81（ハチイチ）世代は1981年前後に生まれ、インターネット分野で起業した人やエンジニアになった人。76世代では田中良和や（GREE）、猪子寿之（チームラボ）など、81世代では片桐孝憲（pixv）、古川健介（nanapi）などが有名。

たらす未来を予測するべく努力することです。

＊＊＊＊

では、現代における最先端テクノロジーとは何でしょうか。

それは人工知能であり、ＩｏＴであり、ドローンであり、ＶＲ*であり、３Ｄプリンターです。

とりわけ、２０１２年から始まった**人工知能の進化は、産業革命以来の大発明です。**社会を劇的に変えることは間違いありません。その影響はインターネットの登場より、はるかに大きくなると予想されています。そして、すでに目に見える形で変化が起こり始めているのです。

たとえばＧｏｏｇｌｅ翻訳。

ＶＲ：Virtual Reality。仮想現実。人間の五感を刺激することでコンピューターによって作られた世界を現実かのように知覚させる技術のこと。現在の主流はＨＭＤ（ヘッドマウントディスプレイ）とヘッドフォンによる視覚と聴覚への刺激だが、触覚を再現するボディースーツなども開発中。将来的には脳に直接信号を送る技術が開発される可能性が高い。

人工知能によるGoogle翻訳の進化

従来の翻訳

All your dreams can come true if you have the courage to pursue them.

あなたには彼らを追跡する勇気があるならば、
あなたのすべての夢は実現することができます。

現在の翻訳

All your dreams can come true if you have the courage to pursue them.

あなたが夢を追い求める勇気があれば、
あなたのすべての夢が実現します。

2016年の暮に入ってから、Google翻訳は人工知能が完全に翻訳を担うシステムへと改善されました。そして、精度が飛躍的に上がったのです。

かなり複雑な文章でも意味が通じるように訳します。また、日本語の音声の読み上げもとてもスムーズです。

同時に、人工知能による音声認識の精度も上がっています。

この2つを組み合わせることで、私たちは海外の人と母国語だけで対話ができるようになりました。

もちろん口語表現などまだ追いついていない所もあります。しかし近い将来人工知能により、多くの人にとって外国語を習得する必要が無くなる可能性は高いです。

人工知能がもたらす恩恵は翻訳だけにとどまりません。車の自動運転の実用化は時間の問題です。医療現場では人工知能が医師の代わりにガンを発見しています。投資の世界では有効なポートフォリオ*を人工知能が提案してくれます。

生活とビジネスのあらゆる場面が人工知能によって大きく変化する。それはつまり、**人工知能というテクノロジーに対応できるかどうかで人生が変わるということです。**私たちはまさに今、人工知能時代に突入したのです。

＊＊＊＊

そして、これから人工知能時代を生き抜いていくのは、子どもたちです。し

ポートフォリオ：投資する際の現金、預金、株式、債券、不動産など金融商品の組み合わせの内容。投資ではリスクが小さく、リターンが大きくなる組み合わせが求められる。もともとは「書類を持ち運ぶカバン」という意味。

かし、今まで私たちが教わってきた知識と常識を教えても、今後の変化に子どもたちは適応できません。それでは**私たち大人は、今から子どもたちに何を教え、どう接していけばいいのでしょうか。**

それがこの本のメインテーマです。そして、その問いに答えるために、まず必要なことがあります。それは、子どもたちが大人になった未来を予測することです。

すでに多くの人工知能研究者やＩＴ業界に携わる人々により、人工知能時代に起きる変化が予測されています。

１　既存の仕事の大半は人工知能にとって代わられる。

２　そのかわり、人間にしかできない新しい仕事が生まれる。

３　製造や流通過程で発生する人件費が激減するためモノの価格が下がり、地球規模で生活水準が飛躍的に押し上げられる。

４　人工知能と共存した日常が当たり前になる。

５　人間の作業が圧倒的に減り、時間が余る。

６　失業者が増え、その対策として国家が最低限の生活を保障する可能性がある。

７　「お金のために生きる」のではなく「幸せを追求するために生きる」ことが多くの人にとってのモチベーションになる。

８　社会活動やＮＰＯなどがより活発になる。

９　実社会と関わる意識が薄いと、仮想現実の世界に「幸せ」を求める人が増える。

これらの未来予測は、いずれも２０４５年を想定しています。

２０４５年は、人工知能技術や通信技術、ナノテクノロジー*技術などで爆発的な技術革新が起きると言われている年です。その**ターニングポイントになる瞬間のことをシンギュラリティ、もしくは技術的特異点と言います。**未来予測をするときのマイルストーンとなっている年です。

ナノテクノロジー…物質を原子や分子のサイズで制御する技術。ナノとは１／１０００００００㎜のこと。将来はナノサイズのロボットが開発され、医療や建築など様々な分野で応用されると予測されている。

この本が出版された年の28年後ですから、決して遠い未来ではありません。

技術革新がもたらす未来は、究極的には私たちの生活水準の向上、そして幸福につながっています。

しかし、問題はその過渡期です。

過去のあらゆる歴史的転換において、最も辛い思いをするのは社会が混乱におちいる過渡期の人々でした。

そして、人工知能時代への過渡期を生きるのが今の子どもたちです。

彼ら、彼女らが大人になるころには、

- **小さいときから夢見てきた仕事がなくなる**
- **学歴があるだけでは働き口が見つからない状況になる**

・指示を受けないと働けない人材は即刻クビになる
・コンピューターが扱えないことは、読み書きができないことに等しくなる

という状況が十分起こり得ます。

私がその事態に気づいたのが2011年。当時働いていたシリコンバレーで、シンギュラリティを知ったときです。「子どもたちのために今すぐ何かしなければ」と思った私は急遽帰国しました。そしてまず、子どもたちやその親と接点を作るべく、学習塾を開設したのです。

しかし実際に塾をはじめて気がついたことがあります。それは、子どもたちは日々の勉強に忙しく、人工知能時代に備えるためにプラスアルファで何かを始める余裕が無いということです。

そのため私は「未来」の問題を解決するために、まずは「今」ある問題を解決しなければならないと思いました。そして、「**子どもの勉強時間を短縮し、人工知能時代を生き抜く力を身につけるための時間をつくる**」ことを課題に設

AI先生によって7倍速く学習できる

定したのです。

その解決策となったのも、人工知能でした。人工知能が一人ひとりに最適な問題を出す教材の開発により、**学校の授業に対し7倍の学習効率を実現できたのです。**実際に、中学一年生の数学は、わずか平均32時間で学習できるようになりました。

私はいま、この世界初の人工知能型教材「Qubena（キュビナ）」のさらなる開発を続けています。

あわせて、「未来を生きる力」を子どもたちに身につけてもらう未来型学習塾「Qubena Academy（キュビナアカデミー）」の運営も行なっています。

私がなぜ「子育て」の本を書いたのか。それは、教育とＩＴを融合させる教育イノベーターとして、日々子どもたちと接する塾の経営者として、「人工知能時代を生き抜く子ども」に必要なことを、より多くの方に伝えたいと思ったからです。

そして、子どもの未来を心配している方の役に少しでも立ちたいと思ったからです。

＊＊＊＊

この本は2部構成になっています。

第1部では、**「人工知能時代を生き抜くためには何が必要なのか」**と題して、これから必要になる子育てのあり方についてまとめました。

ＣＨＡＰＴＥＲ１は人工知能時代を生き抜くために重要な「極める力」について、ＣＨＡＰＴＥＲ２はプログラミング教育をはじめ、これから求められる「ＳＴＥＭ教育」について、ＣＨＡＰＴＥＲ３は家庭で実践できるお子さんとの接し方について取り上げます。

第２部は、「**人工知能とは何か、未来はどう変わるのか**」と題しました。子育てや教育に関わる方にぜひ知っておいていただきたい、人工知能と未来の社会についての情報をまとめています。

ＣＨＡＰＴＥＲ４は私が今の活動を始めるきっかけとなった「シンギュラリティ」や人工知能の歴史的背景について。ＣＨＡＰＴＥＲ５は人工知能やＩｏＴの現状、およびそれがもたらす影響について。ＣＨＡＰＴＥＲ６は人工知能による学習の最適化と教育の未来について書いています。

技術的な話については、コンピューターに詳しくない方でも要点をつかんでいただけるように、できるだけ分かりやすく書きました。とくに第２部については人工知能入門や未来の変化予測としても読んでいただけると思います。

この本が、子どもの未来について悩む方の一助となり、ひとりでも多くの子どもたちが人工知能時代を幸せに生き抜くきっかけになれば幸いです。

CONTENTS

HOW TO RAISE A CHILD TO SURVIVE THE ARTIFICIAL INTELLIGENCE ERA

CHAPTER 2

HOW TO RAISE A CHILD TO SURVIVE THE ARTIFICIAL INTELLIGENCE ERA

CONTENTS

HOW TO RAISE A CHILD TO SURVIVE THE ARTIFICIAL INTELLIGENCE ERA

CONTENTS

SECTION 1

HOW TO RAISE A CHILD TO SURVIVE
THE ARTIFICIAL INTELLIGENCE ERA

第1部

人工知能時代を生き抜くためには何が必要なのか

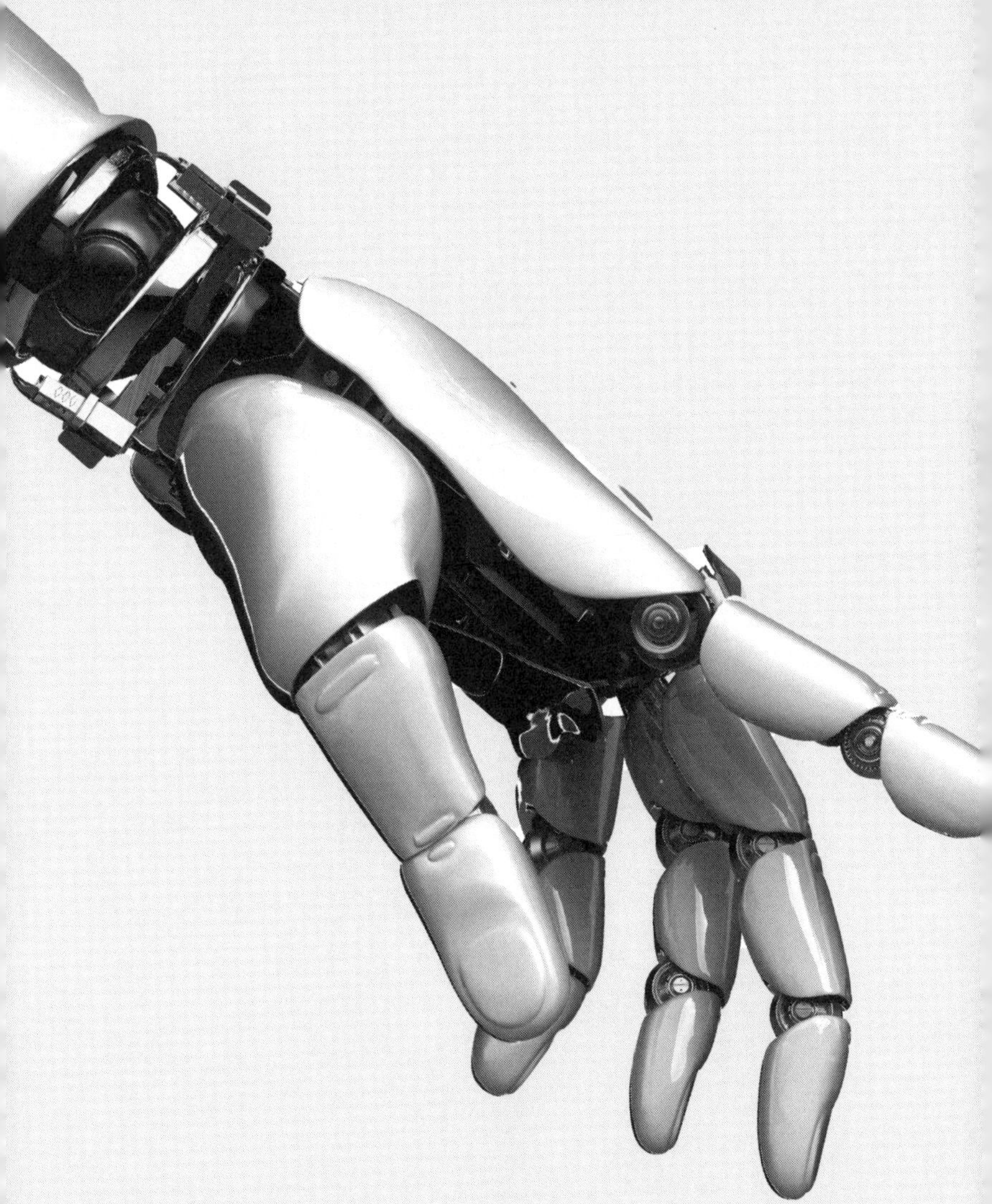

HOW TO RAISE A CHILD TO SURVIVE
THE ARTIFICIAL INTELLIGENCE ERA

CHAPTER 1

人工知能時代を生き抜くための「極める力」

仮想現実の中で幸せに生きる、２０４５年の「引きこもり」

無精ヒゲをさすりながら目をさますと、できたての朝ごはんの匂いがただよってきた。

40歳独身。結婚を考えたことはなく、恋人もいない。

ごはんを作ってくれたのは、賃貸アパートに標準装備された人工知能。人間の脳波を検知し、男がそろそろ起きると判断して調理ロボットに指令を出していた。

献立は、サラダと焼き魚とごはんに、具沢山の味噌汁。男の健康状態と味の嗜好に合わせて人工知能が決めたものだ。

材料はいずれも人工知能によって最適化された環境で自動生産されたものなので、３６５日安定してうまい。しかも、寝ている間にドローンが産地から運んでいるので、鮮度も抜群にいい。代金は仮想通貨で自動的に引き落とされる。

男は一人、黙々と朝ごはんを食らう。

その間、世間の情報をチェックするわけでもない。「ニュース」と声を出せば男の視線の先にアナウンサーが3Dで現れるように設定はしてある。しかし、そもそもニュースに興味がない。

男が社会と断絶して1年が経つ。

それまでは生活のために週3日ほど働いていたが、大量の失業者に対するセーフティネットとして昨年導入されたベーシックインカム*制度により、すべてが変わった。

国民全員が最低限の生活を送るに足る現金を受け取れる。もはや男にはわざわざ働きに出る意欲がない。

このような生活は、28年前であれば「引きこもりニート」と呼ばれていた。

ベーシックインカム：政府が全ての国民に対し、最低限の生活に必要な金額のお金を定期的に支給する制度。生活保護などと異なり、所得にかかわらず無条件に支給される。

しかし、２０４５年の今、こんな生活をしている人はごまんといる。

「さあ、今日は久しぶりに南国の島にでも行こうかな」

朝食を済ませた男はそう独りごつと、自分の定位置であるリクライニングソファに座った。家事ロボットが食器を片付ける音を聞きながら、男はヘッドギアを装着し、今日も仮想現実のなかで「生きる」のだった。

＊＊＊＊

現実に起こりうる人工知能時代のワーストシナリオを小説風に書くとこうなります。近未来的な描写は、いま実際に存在している、もしくは開発中の技術で実現可能なものばかりです。

このストーリーの時代設定は２０４５年。その年に40歳となるのは、この本が出版される２０１７年の時点で12歳、小学６年生の子どもたちです。

人工知能時代になると、人工知能やロボットは私たちの仕事だけではなく、生活のあらゆる場面に入り込み、大半の作業を代わりにしてくれるようになります。

この流れはいままでと同じです。全自動洗濯機、お掃除ロボット、コーヒーマシン……。あらゆる技術革新は人間が自由に使える時間を増やしてきました。

このままでいくと、２０４５年に私たちは時間を買いきってしまうかもしれません。つまり、**人工知能をはじめとするテクノロジーの進化により人間のやるべきことがほぼ無くなるのです。**

そうなると、「暇でしょうがない」と感じる人が増えていきます。

そこにベーシックインカム制度のような、国民の最低限の生活を一律に保障する制度が実現すれば、もはやあくせく働く必要もなくなります。

そして、実社会において少しでもイヤなことが起きると、ＶＲによる理想の世界へ簡単に逃避できるのです。

働く必要がなくなり、仮想空間へ逃避しやすくなった時代では、「生きがい」が何よりも必要になります。**「生きがい」とは、自分が本当にやりたいことや社会に働きかけたいことです。**それをもつことで、現実社会を生き抜く意志が芽生えるのです。

「圧倒的能動思考」によって自分だけの新たな仕事を生み出す

「理想的な生活ができるのなら、仮想世界であっても幸せなのでは」という意見も、今後は出てくるかもしれません。

たしかに、仮想世界の実現によってより幸せな生活を送ることができるようになる人は多いと思います。しかし、大半の親は子どもが仮想現実だけに生きるのではなく、現実社会でもいきいきと生活できることを願っているのではないでしょうか。私もそう願っています。

しかし、**「現代教育の常識」のまま子どもたちが大人になってしまうと、人工知能時代では現実社会で活躍できる場がなくなり、ドロップアウトしてしまう危険がかなり高くなります。**

現代教育の常識とは、一言で言えば「工場型人間の量産」です。

つまり、指示されたことを正確にこなす人材をたくさん輩出すること。日本の学校のスタイルもまさに工場型で、「日直」のシステムにしろ、決められた休み時間にしろ、工場のマネジメントスタイルそのものです。

高度経済成長期にはその教育がばっちりはまりました。

「大量生産」がキーワードだったこの時代は、学校に行くようにみんなが工場に行って、規律よく、言われたとおりに働くことが求められました。それにより国も企業も潤い、ひいては社員たちの生活も保障されたからです。また、贅沢を言わなければ働き口はいくらでもありました。

しかし、いま世の中では生産性向上のために「工場型人間」の作業が人工知能（やロボット）に置き換えられています。その流れが今後加速することは間違いありません。

なぜなら人工知能と、それを搭載したロボットは、人間より数倍生産スピードが早い上に正確です。そして、給料も社会保障も不要です。さらに、24時間働き続けることが可能です。

では、こうやって仕事がどんどんなくなっていく社会で、どのような人が活躍できるのでしょうか？

私はシンギュラリティのことを知ってからというもの、ずっとそのことを考えています。そして毎回至る結論は、**「圧倒的能動思考」**をもつ人です。つまり、**他人や周囲の環境に依存することなく、自分にしかできない仕事や社会における役割を自らどんどん作り出せる人こそ、人工知能時代を生き抜けるの**です。

圧倒的能動思考を確立するためには

①社会や組織に身を委ねないこと

②自分で考え、行動が起こせること

③責任を持てること

という3つの条件を兼ね備えなければなりません。

これらの条件が満たせないと、自分にしかできない仕事をつくることはできません。

たとえば、ニュースで食料廃棄が世界的な課題だと知ったとき。社会や組織に身を委ねない人は、「世界のだれかに任せないで、自分が解決しよう」という思いを抱くことができます。そして、「これが解決策になるはずだ！」と自分で考え、行動を起こすことで課題に向き合います。さらに、責任を持つことで「次はどうすればいいのだろうか」と改善策を考え、前に進むことができるのです。

まさに、この一連の活動こそ、その人にしかできない仕事となります。

このように自分にしかできない仕事をつくるためには、「自分はこれがしたい！」という「思い」を大事に育むことと、実際に行動に移すときの「問題解決能力」の2つが必要です。

「思い」がなければ当事者意識や責任感が生まれません。また、「問題解決能力」がなければ行動に移すことができないのです。

「極める力」を身につけ、人工知能時代を生き抜く

「思い」と「問題解決能力」。

この2つの要素を合わせて、私は「極める力」と呼んでいます。

これが未来を生き抜くために子どもたちに身につけさせたい最も重要なスキルです。この力さえ身につけておけば、社会情勢がどのような形に変わってい

極める力で圧倒的能動思考をもつ

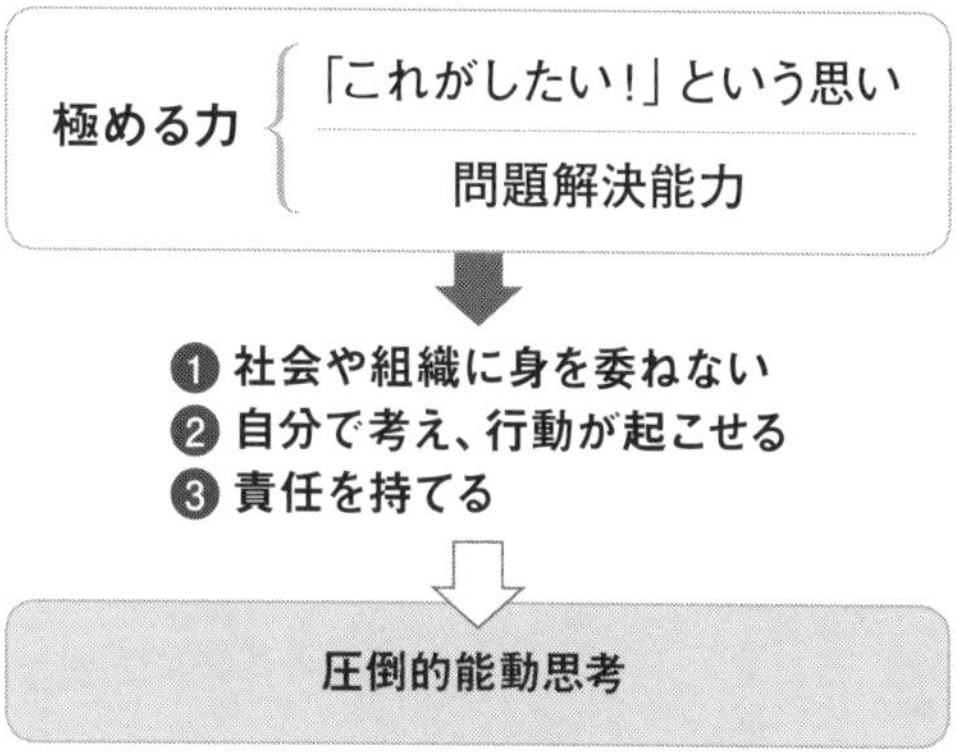
極める力
「これがしたい!」という思い
問題解決能力
❶ 社会や組織に身を委ねない
❷ 自分で考え、行動が起こせる
❸ 責任を持てる
圧倒的能動思考

ったとしても、必ず自分の頭で考え、行動を起こし、社会に適応していくことができます。

この「極める力」は子どものころから身につけておくべきスキルです。なぜなら、人が何かを極めていく時のプロセスは、年齢にかかわらず、仕事であろうと勉強であろうとスポーツであろうと全て同じだからです。

たとえば、サッカーを極めるプロセスを考えてみましょう。

本当にうまくなりたいと思ったら、まずは自分の弱みと強みをしっかり理解することから始めます。そしてたえず課題意識をもち、解決策を模索し続けながら自発的に練習していくことが必要です。

仮に「エースの先輩にくらべるとシュートの決定率が低い」という課題を見つけたら、先輩のフォームをまねてみることが解決策かもしれません。

それで決定率が高まれば話が早いですが、成果につながらなかったとしても「他に問題があるんだな」と気づくことができます。

そのときはさらに先輩を分析して「ボールを蹴るときにギリギリで方向を打ち分けているからかな」「ディフェンダーの裏をかいてベストポジションをとっているからかな」と様々な仮説を立て、検証をしていかなければいけません。

このような一連の作業は、ビジネスの世界でいうPDCA*そのものです。

よって「『極める力』とはPDCAを回す力である」とも言えます。あえて「極める力」と呼んでいるのは、何度かPDCAを回しながらゴールを達成する経験を重ねることで、課題解決の能力だけでなく、メンタル面も合わせて強

PDCA：PLAN（計画）、DO（実行）、CHECK（検証）、ACT（改善）の4つのプロセスを繰り返すことで目標を達成したり、問題を解決していったりするフレームワークのこと。

化されるからです。

「極める力」の要素の1つである「何かをしたい！」という思いは、PDCAを回した結果として得られる

- **失敗に対する耐性：「失敗は恥ずかしいことじゃない！」**
- **目標を達成したことによる自信：「自分にもできた！」**
- **自信から生まれるチャレンジ精神：「次はあれをやってみよう！」**

といったメンタル面での変化があって、初めて生まれてきます。

とくに**自分自身で何かを成し遂げた感覚を味わわせることが「極める力」を身につけるために非常に重要です。**

ここで一番大切なのは、自分の弱み、課題、解決策をすべて子どもたち自身に考えさせることです。問題解決の仕方を一方的に大人が教えてしまうと、子どもたちは「極める力」を身につけることができません。

問題が解けずに頭を抱えている子どもを目の前にして、「教えてあげたい」と思う気持ちはとてもよくわかります。愛する我が子のことであればなおさらでしょう。

しかし、そこは我慢のしどころです。

いくら答えや問題の解き方を知っていても、あるいは上達する方法を知っていたとしても、それを直接教えるのではなく、あくまでも子どもの横に寄り添って、さりげなくアシストすることが重要です。

「極める力」があれば短時間でプロフェッショナルになれる

「極める力」を身につけると言っても、必ずしも長い年月をかけながら一つのことで頂点を目指すという意味ではありません。

もちろん、ある分野に特化して秀でた成果を出すことができれば理想的ですが、それは絶対にやらなければならないことではありません。

「極める力」とは、言ってみれば瞬発力です。

いまは熱中できる分野がないとしても、「極める力」を身につけておけば、将来、自分なりのやりたいことや適性が見えてきたときに、「よしこの道を進もう!」と自分で前進して行くことができ、短期間で成果を出すことができます。

そもそも、**プロフェッショナルとは必ずしも長い年月をかけないとなれないものではありません。**

長年の下積みが必須と言われる寿司職人の世界ですら、寿司学校で3カ月しか学んでいない下積み経験なしの4人組が大阪に開業した寿司屋「鮨 千陽」が、開店11カ月目でミシュランに載る快挙を成し遂げた例もあります。

また、ビジネスの世界も同様です。以前、大手コンサルティング会社の幹部と話す機会がありました。その方の仕事はM&A案件における時価総額の算定です。アメリカの最先端の手法を使いこなせる彼は、いま業界で引っ張りだこになっていると言っていました。

その会話で面白いと思ったのは、彼がその手法を身につけたのはここ4年の話にすぎない、ということです。何十年も必死に勉強し、経験を積まないと身につけられないスキルではないそうです。「それがこうも世の中で評価されることが不思議だ」と言っていました。

いまのビジネスシーンを見ても、自分が選んだ仕事に対して適性があり、なおかつ「極める力」を持っていれば、数年で自分の力を社会に還元することができるのです。

そうはいっても何十年も修行をしたり、経験を積んだりすることが必要になる職業もあると思います。そしてその実績がその人に対する信頼感やブランド価値につながることもあるでしょう。

しかし、社会が劇的に変わっていくとき、「何を何年やってきたのか」という経験だけに依存しないよう注意しなければなりません。

むしろ、**他の人では代わりになれないというスキルと、それをどんどんアップデートしていく能力こそ求められるのです。**

子どものときに「極める力」を身につけておけば、小学校から大学を出るまでの16年で、複数の分野においてプロフェッショナルになることも可能になります。

実際に、10歳にして国際プログラミング大会で優勝し、ベンチャー企業を3社も経験した中学生*など、短期間で一級のプロとなり活躍する子どももいるのです。

とくに大学生になれば自由な時間が増えます。「極める力」を持っていれば、世界的な評価を受ける論文を在学中に書き上げるとか、起業するとか、何かの分野で日本一を目指すといったことも可能です。

ベンチャー企業を3社も経験した中学生：山内奏人（やまうち・そうと）。10歳の頃からプログラミングをはじめ、小学校6年生の時に「中高生国際Rubyプログラミングコンテスト2012（15歳以下の部）」で最優秀賞を受賞。

子どものときに「極める力」を身につける5ステップ

私の運営する学習塾では「極める力」を身につける5ステップを生徒たちに実践してもらっています。

「極める力」を教えるとはどういうことなのか。実際に2016年に行なったプログラムを一例に、ステップごとに説明します。

①目標の設定

初回の授業では、当塾のコーチが子どもと向き合い、その子にとって最も興味があるものを尋ねていきます。

そこで子どもが「モンスト*が好き」と答えたとしたら、「じゃあ、これから3カ月でモンストの日本一になってみない?」と問いかけます。

モンスト：「モンスターストライク」の略。mixi内のXFLAGスタジオから配信されているスマホゲーム。モンスターの収集と育成とバトルをメインとしたアクションRPG。

「ゲームでいいの？」と思われる方もいらっしゃるでしょうが、**目標はなんでも構いません。とにかくモチベーションを維持することが重要なので「その子が最も好きなこと」を選ぶことが大切です。**

大半の子どもはそこまで大きな目標をもったことがないのでたじろぎます。けれども、その子自身が好きなことなので、最終的には乗り気になってくれることが多いです。

②目標の具体化

やることが決まったら「じゃあ、来週までにモンストの日本一の人の情報を集めてきてね」と宿題を出します。もし情報検索の仕方がわからないのであれば、Ｇｏｏｇｌｅの使い方を教えます。

これはビジネスでいうところのＫＧＩ、ＫＰＩ*化です。

「日本一になる」という目標のままでは実際に何をすべきなのか子どもは迷っ

ＫＧＩ、ＫＰＩ：Ｋｅｙ Ｇｏａｌ Indicator、Ｋｅｙ Ｐｅｒｆｏｒｍａｎｃｅ Indicatorの略。最終目標や中間目標を定量化（数値化）したもののこと。

てしまいます。そこで、ターゲットを「実際の個人」に置き換えてあげるのです。そうすることで**今の日本一と自分との対比がしやすくなり、そこから課題を見つけやすくなります。**

③課題を抽出する

もしモンストの達人が公開しているYouTubeの動画を子どもが見つけてきたら、理想的な展開です。

コーチは子どもと一緒にその動画を見ながら、「この人と君の違いは何だろうね？」と質問をします。

この質問は子どもにとっては負担になる可能性があります。でも、そうやってウンウンうなりながら考える経験が重要なので、コーチ役は決して答えを言いません。

この問いかけこそ「極める力」の第一歩。課題発見能力を培うのに必要不可欠な質問です。**とりあえずひとつでも、子どもが課題を見つけられれば十分です。**

どうしても行き詰まっているようなら、「じゃあ、一緒にモンストのコツが書かれたホームページを探してみない?」といって、Ｇｏｏｇｌｅ検索をさせ、日本一の人と自分の違いを見つけられるように少し誘導してあげることもあります。

④解決策を考える

課題が見えたら次は解決策を考えてもらいます。

たとえば子どもが選んだ課題が「2体以上の敵を同時に撃破できないこと」だとしたら、「どうやったら同時撃破できるのかな?」と聞きます。**そこで子どもが「斜めうち!」と具体策を言ってきたらOKです。**

もしこのとき「いっぱい練習すること!」のように曖昧な解決策を言ってきたら、「具体的にはどんな練習をしたほうがいいかな?」と聞いてもう少し頭を使ってもらいます。

課題に対してどこまで深掘りをすればよいのか見極めるポイントは、「子どもの思考が停止していないか」です。

たとえば何十時間もプレイをしてきた結果、最近になって成果がのびなやんでいる場合、思考が停止している可能性が高くなっています（反復練習によってブレイクスルーが起きることもあるでしょうが、それは課題次第です）。

課題に対して具体的、かつ新しい解決策を見つけられるまで、一緒に寄り添いながら、辛抱強く質問をなげかけることが必要です。

⑤振り返り

課題と解決策が見えたら、それをテーマに1週間、練習に励んでもらいます。そして1週間後に練習の成果を聞きながら振り返りをします。

「極める力」を身につけるサイクル

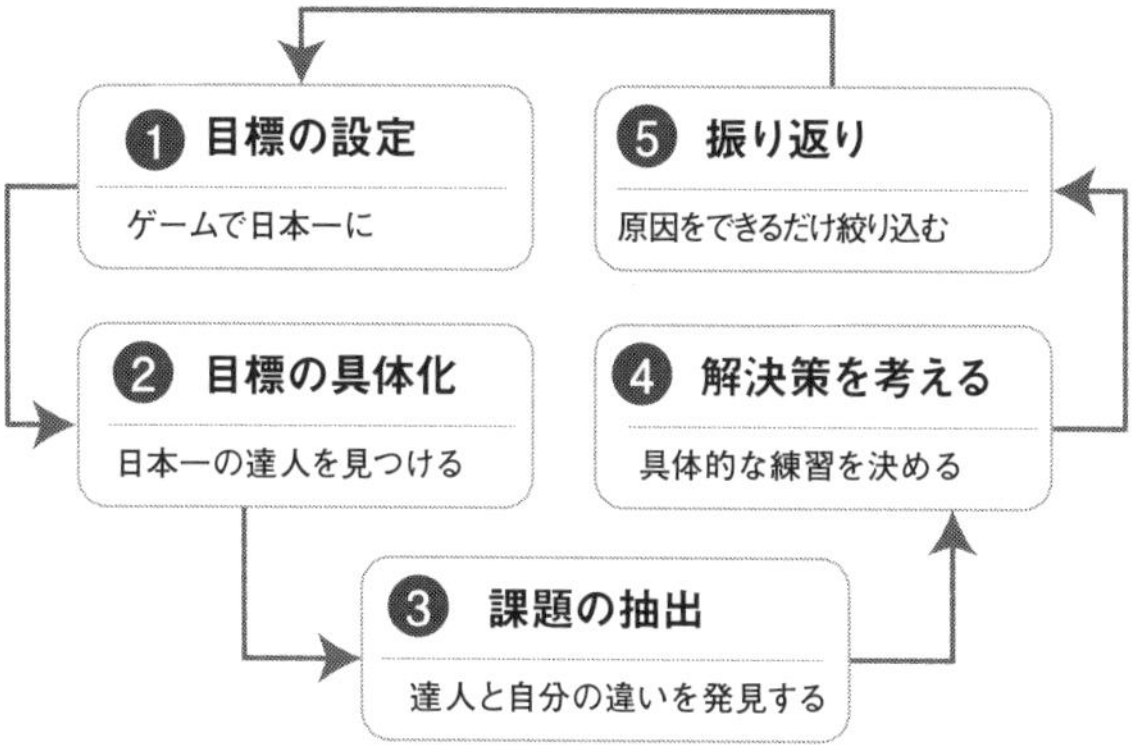
❶ 目標の設定
ゲームで日本一に
❷ 目標の具体化
日本一の達人を見つける
❸ 課題の抽出
達人と自分の違いを発見する
❹ 解決策を考える
具体的な練習を決める
❺ 振り返り
原因をできるだけ絞り込む

改善意識の乏しいＰＤＣＡは意味がないのと同じで、このステップもとても重要です。

思うような結果が出ていなかったら、ただひたすら、結果が出ていない原因を考えてもらいます。

このときコーチが子どもを責めるのは厳禁です。

子どもたちは「結果が出ないのは自分に才能がないからだ」という結論に至りがちです。もしこの段階で子どもを責める（もしくは責められているように感じさせてしまう）と、一気に自信を失ってしまって、

「極める力」どころか諦めやすい性質ばかりが強化されてしまいます。

もちろん、本気で日本一を目指したときには才能が結果を左右する場面もいずれは出てくるでしょう。しかし、それ以前の上達するかしないかという段階では、才能による優劣はほとんど関係ありません。

だからこそ重要なのが、**成果が出なかった原因をできるだけ明確にする**ことです。

原因は「成果に直結しづらい課題を選んでいたから」かもしれませんし、単純に「その週は忙しくて十分に練習できなかったから」かもしれません。

こうやって成果を挙げられなかった原因を、課題・解決策・練習（実行）といった細かい段階に分けて考えさせることで、子どもが不必要に自信をなくさないように気をつけます。

そして振り返りをしたら、次週に向けて取り組むべき課題と、その解決策を改めて考え、実行してもらいます。あとはこのサイクルの繰り返しです。

「極める力」が子どもの自信とチャレンジ精神を育む

実際にモンストの日本一を目指してPDCAを回した子が塾にいました。その子が3カ月後にどうなったかというと、日本一にはなれませんでした。しかし上達した結果、同級生のなかではヒーロー扱いされるようになったそうです。

それは、その子にとって十分すぎるくらいの成功体験となりました。

たえず**頭を使い、時に泥臭くトライ&エラーを繰り返せば、自分でもちゃんと結果が出せるということを、子どもたちは学ぶことができます。**また、失敗要因を振り返る癖をつけることで、必要以上に自分を卑下することもなくなります。

それによって子どもの自信もチャレンジ精神もぐんぐん増していきます。

人工知能時代では、このチャレンジ精神があるかないかで、社会との向き合い方や人生の過ごし方が１８０度変わるといっても過言ではありません。

そして、ご家庭で「極める力」をお子さんに教えるチャンスはいくらでもあります。

もしお子さんが何かに没頭しているようであれば、「最近、調子はどう？」と**対話の機会を増やしながら、さりげなく問題解決のアシストをしてあげてください**。また、学校のテストや部活、習い事で思い通りにいかなかったとき、原因をお子さんと一緒に考えてみるのも一つの方法です。

47ページの図で紹介したサイクルは必ずしも目標の設定から入る必要はなく、振り返りから始めても問題ありません。

ぜひ、お子さんが「極める力」を身につけられるように、働きかけてみてください。

HOW TO RAISE A CHILD TO SURVIVE
THE ARTIFICIAL INTELLIGENCE ERA

CHAPTER 2

「STEM 教育」で人工知能を使う側になる

人工知能時代に必須となる「ＳＴＥＭ教育」とは何か

「極める力」の次に重要になるのは、人工知能時代を生き抜くための知識です。

最近、日本の教育の現場でＳＴＥＭ（ステム）教育という言葉が徐々に広まってきています。ＳＴＥＭとは、

Science　サイエンス
Technology　テクノロジー
Engineering　エンジニアリング
Mathematics　数学

の頭文字から作られた造語で、広義では理系の学問全般、狭義ではハイテク産業で求められるような知識やスキルのことを指します。

近い将来、人工知能に使われるのではなく、人工知能を使う側に回るための学問、とも言えるでしょう。

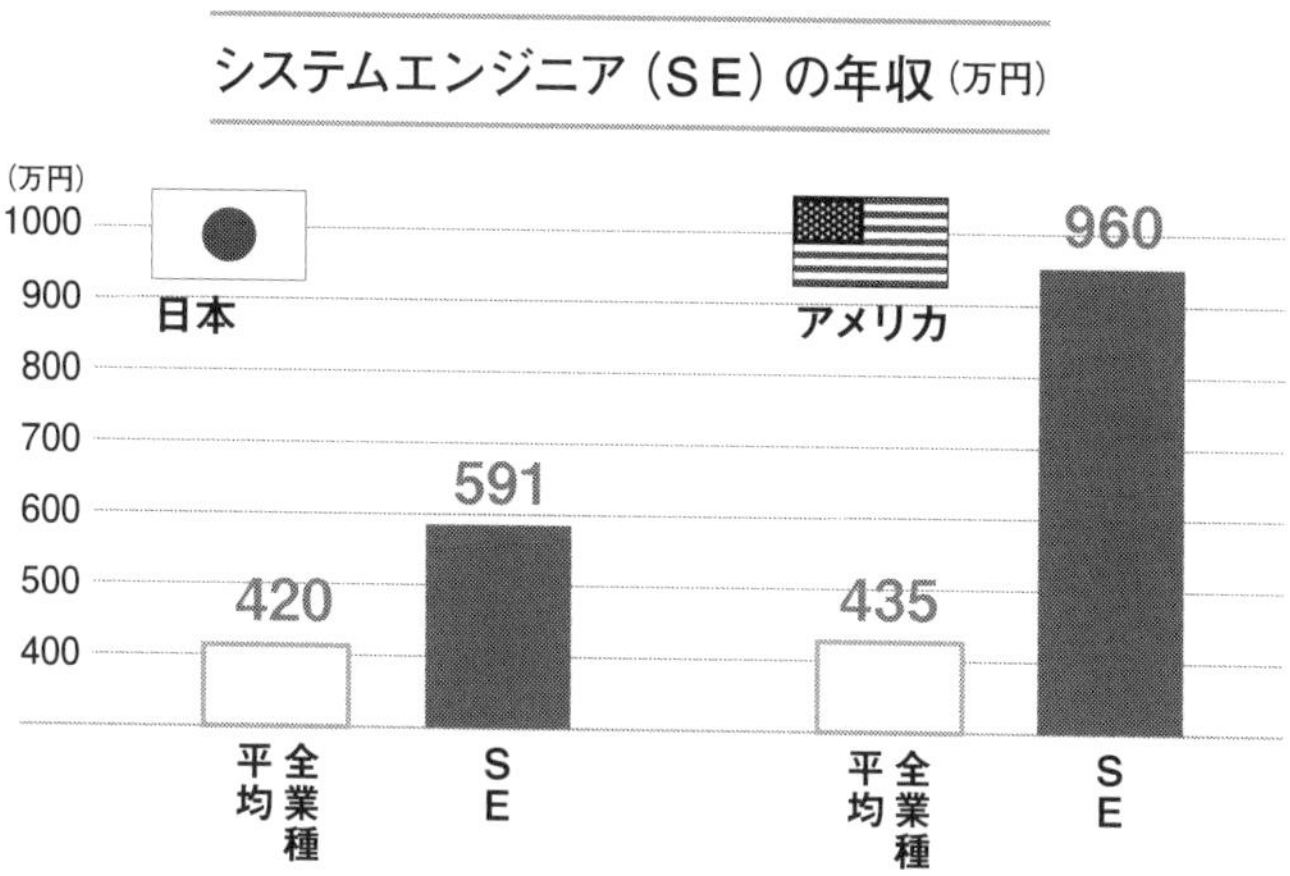

出典：https://furien.jp/columns/2/

日本では2020年から小学校でのプログラミング教育がスタートしますが、これもSTEM教育の一環です。

STEMの重要性がクローズアップされるようになった背景には、IT人材の需要の増加があります。実際、システムエンジニアは一般的に高収入となっています。

また、先進国共通の理数系離れという課題もあります。先進国に育った子どもたちほどテクノロジーの恩恵を享受しているため、わざわざ理科・数学を勉強する必要性を感じなくなるという説もあります。

給料が高いIT企業 TOP10（アメリカ）

1. Netflix	カリフォルニア州、ロスガトスを拠点にする映像ストリーミング配信企業	3540万円
2. Lyft	サンフランシスコに拠点を置く、配車サービス企業	3400万円
3. Dropbox	オンラインファイル共有サービスの企業	3395万円
4. Uber	自動車配車アプリおよびウェブサイトを持つ企業。	3170万円
5. Facebook	Facebookはカリフォルニア州、メンロパークに拠点を置いている	3120万円
6. Pinterest	2010年にサービスを開始した写真共有サイトの企業	3090万円
7. Airbnb	サンフランシスコを拠点とする宿泊施設のソーシャル・ネットワーク企業	3070万円
8. Microsoft	ワシントン州、レドモンドに拠点を置く巨大IT企業	3050万円
9.LinkedIn	ビジネス特化型ソーシャル・ネットワーキング・サービス	2970万円
10.OpenTable	サンフランシスコに拠点を置くオンラインレストラン予約サービス企業	2850万円

出典：https://www.businessinsider.jp/post-854

　理数系の学問は基礎からコツコツと知識を積み上げることで、内容がどんどん高度になっていきます。そのため、小中学生くらいの段階で興味を持たないと、高校や大学からでは学習を始めるハードルが高くなってしまいます。

　なかでもコンピューターをはじめとした科学技術系の教育が欧米と比べると段違いに遅れている日本では、**高度なスキルを持ったＩＴ人材は慢性的に不足しています。**

　現時点で不足しているということ

は、人工知能やロボットが爆発的に普及していく近未来ではさらに不足するということです。

子どもが「極める力」を身につけ、さらに小・中学生時代からＳＴＥＭ領域に関心を持ち、そのいずれかを自分の専門分野にすることができれば、今後確実に到来する社会の混乱期において、少なくとも「仕事が見つからない」という事態は避けられます。

さらに言えば、その専門領域が人工知能や遺伝子工学、ナノテクノロジー、ロボット工学のような最先端テクノロジーに関わる領域であれば、世界中の企業から高額なオファーが舞い込んでくることも夢ではありません。

よって、「極める力」が未来永劫、社会を生き抜く基本として押さえておきたい武器だとしたら、**「ＳＴＥＭ領域の知識」は比較的近い未来を生き残るための強力な武器だと言えます。**

一目でわかる、STEMの相関関係

STEMと聞いても、それがどのようなものなのか、多くの方にはイメージがつきにくいと思いますので、STEMの相関関係について図を交えて簡単に説明します。

まず、理数系の学問の基礎となるのが**サイエンス**（科学）。**物事の原理原則を解明する学問です**。たとえば「どんな条件の時に火がつくのだろう？」という問いを持ち、その答えを見つけるために様々な分析や実験を行なう領域です。

次にくるのが**エンジニアリング**（工学）。サイエンスによって判明した原理原則を用いて、**再現可能性が高く、なおか**

STEMの相関イメージ

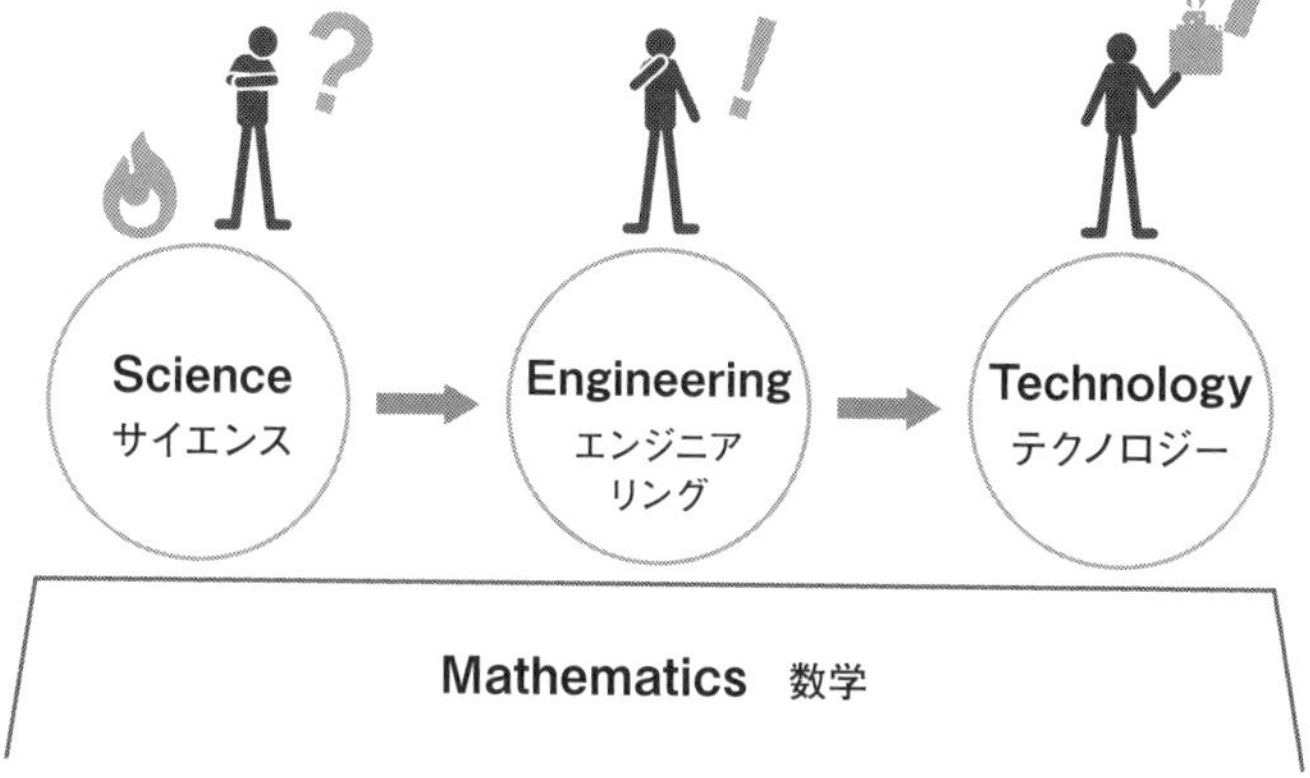

つ人間がコントロールしやすい状態を作り出す学問のことです。「好きなときに火がつけられる仕組みを作ろう」といったように、そこには必ず目的が存在することが特徴です。

そして、**テクノロジー**。

こちらは**エンジニアリングの集大成として生まれる結果**を指すことが一般的です。また、テクノロジーを応用する学問という捉え方もできます。マッチやライター、ロケットエンジンなどがテクノロジーに該当します。

数学は、今述べた、サイエンス、エンジニアリング、テクノロジーの**3領域で共通して使われるツール**です。もちろん、プログラミング（エンジニアリングに該当）をする際にも数学の知識は必須です。

世の中には子ども向けのサイエンス教育（NHKのサイエンス番組や科学教室、理科の授業など）、エンジニアリング教育（子ども向けの自作ロボット、技術の授業など）、算数・数学教育（算数・数学の授業や公文式など）はたくさんあります。しかし、「子ども向けのテクノロジー教育」と言われると急に馴染みが薄くなると思います。

実は「子ども向けのテクノロジー教育」はまだ世の中にはほとんどありません。

でも、私はいまの時代の子どもたちにこそ、テクノロジー教育が必要だと考えています。その理由の一つは、**テクノロジー教育がサイエンスやエンジニアリング教育と比べ難しくないということです**。子供どもにとって一番とっかかりやすく、STEM分野にハマる可能性も高くなります。

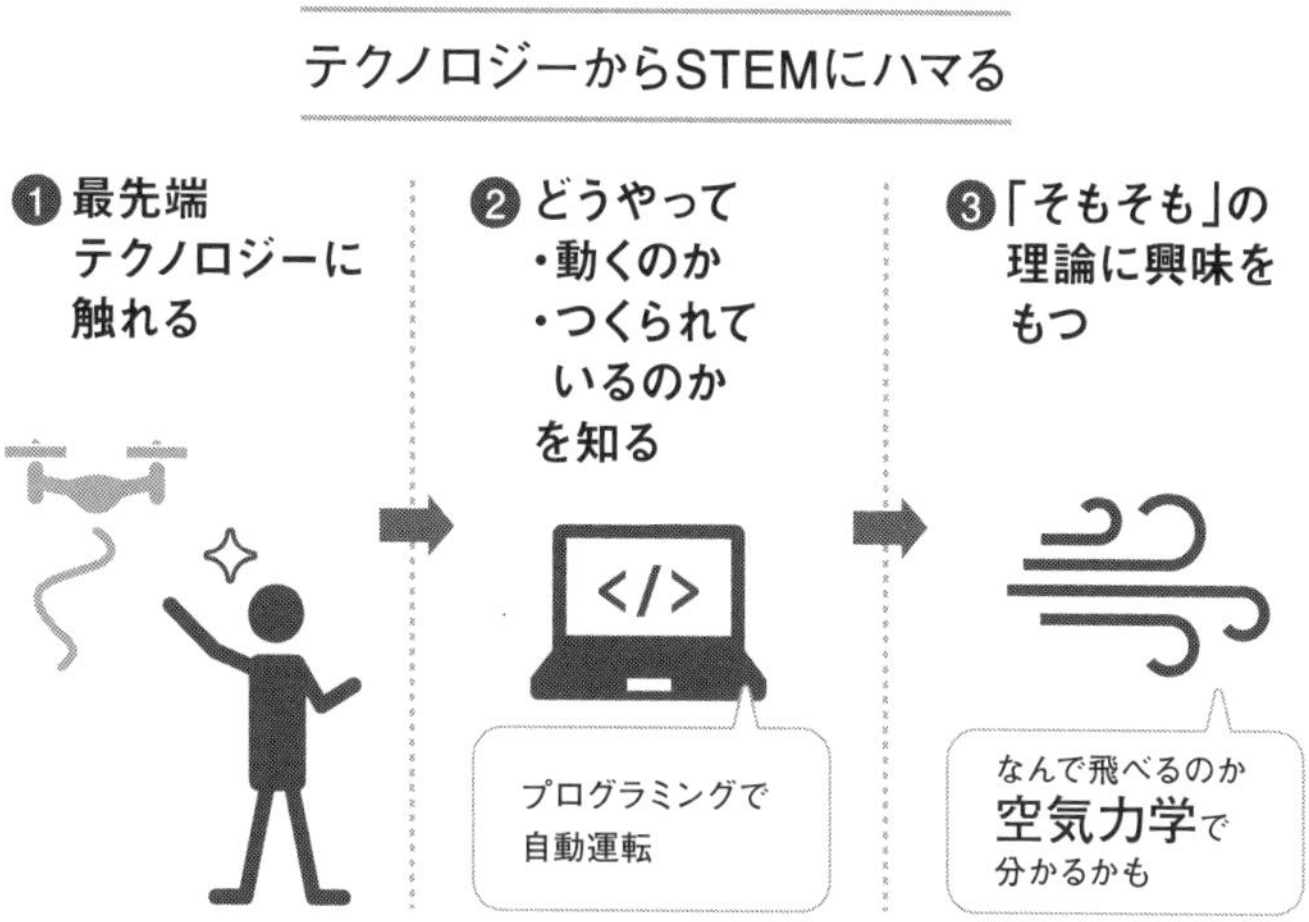

テクノロジー教育の基礎編としてやるべきことは、**最先端テクノロジーに実際に触れてもらい、できるだけ身近な存在だと感じてもらうこと**。そこから、「どうやって動くのか」というエンジニアリングの部分や、「そもそもどういう理論なのか」といったサイエンスの部分に興味が広がります。

中級編は、そのテクノロジーを活用して、今までにない面白い遊び方などを考えてもらうこと。

さらに応用編は、テクノロジーを使って何かしらの社会的な課題を解決してもらうことです。

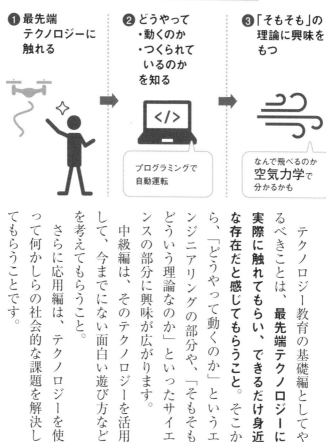

このように整理してみると、「テクノロジー教育」という言葉を使うより、「イノベーション教育」と表現したほうがスッキリするのかもしれません。

たとえば、私が大学で専攻したのはインターネットです。「え？　インターネットって学問なの？」と思われるかもしれませんが、インターネットを軸にコンピューター技術について横断的に学び、それらのテクノロジーがもたらす可能性やそれによって解決できそうな社会的な課題を考えることは立派な学問です。

現時点では大学生や社会人にならないと学ぶ機会が少ない領域ですが、理想を言えば義務教育の段階から子どもたちに教えてあげて欲しいと思います。

STEMに興味をもつ「きっかけ」を子どもに与え続ける

「うちの子どもをオタクにするの？」

「うちの娘をリケジョ*にするの？」

STEM教育の重要性を私が塾で語るとこのような反応をされる保護者の方もなかにはいらっしゃいます。

でも、そもそもオタクやリケジョは悪いことなのでしょうか？

オタクとは「極める力」が飛び抜けて高いことの証です。

リケジョはSTEM人材そのものです。

個の力がますます重要になるこれからの時代、**尖ったスキルや知識を身につけておくことはますます大きなアドバンテージになります。**

または「両親とも文系だから、うちの子が理数系に行くとは思えない」と思

リケジョ：理系女子の略。理系で活躍する女性に対し使われる一方、男性が多い研究者のなかで女性が特別であることを強調するとして、批判されることもある。

われる方も少なからずいらっしゃいます。

しかし、子どもに適性があるかどうかは、ピアノでも英会話でも同じですが、実際にやらせてみないとわかりません。

それに、お試しでプログラミング教室などに参加させてみてうまくいかなかったとしても、適性が無かったのではなく単に担当した講師のことが好きになれなかっただけ、という可能性も考えられます。

子どもたちは与えられた選択肢の中から好きなものを選んで突き進んで行きます。

ですから、あまり思い込みにとらわれないで、**とりあえず環境を用意して、興味を持ってもらうきっかけをひたすら与え続けることが何より求められます。**

それをしなければ、子どもがＳＴＥＭ分野に関心を持つ可能性はかなり狭められてしまうのです。

とはいえ、「せっかく科学教室に入れたんだから、とりあえず最後までやらせる！」「絶対にうちの子どもをSTEM人材に育て上げる！」といった押しつけには注意してください。

私たちの幼少期の体験を振り返ればわかるように、本人が乗り気ではないものをイヤイヤやらせたところで全く身が入りません。自発的に「もっとやりたい」「もっと知りたい」と思うこともないでしょう。

STEM領域に関心を持つかどうかは子ども次第です。

「そこでハマってくれればラッキー」

それくらいの気持ちで臨んだほうが、親にとっても子どもにとっても健全だと思います。そこでSTEMに関心を持たなかったといって、将来が真っ暗になるわけでは決してありません。

教室に通うことでも、望遠鏡やロボットの自作キットを買い与えることでもいいので、**「ちょっと興味ある？」と聞いてみて、少しでも興味がありそうなら一度体験させてみる。**そこでハマらなかったらすぐに気持ちを切り替え、次の選択肢を与えてみる。

このトライ&エラーを繰り返してください。

STEM教育を受けるチャンスは増えていく

STEM教育の強化は国家レベルの課題になっていますし、各企業も理数系の人材を確保したい思惑があるため、**STEM教育を施す手段（教室、教材、コミュニティ、イベントなど）はこれから一気に増えていきます。**

たとえば、アメリカのAmazonでは子どもの年齢にあったSTEM教材が毎月送られてくる「STEM CLUB」というサービスがはじまりました。

また、Appleストアでは8～12歳の子どもたちを対象にサマーキャンプ*を実施しています。映画作りか物語作りのコースを選ぶことができ、コンピューターの操作を覚えながら、創造性のトレーニングを行なう人気企画です。

サマーキャンプ：Appleが8歳から12歳の子どもを対象に行なっているセミナー。過去にはiPhoneやiMacを使って映画や電子書籍を作成した。http://www.apple.com/jp/retail/learn/youth/

ＳＴＥＭ領域は専門性が高いので、数学を除けば家庭で教えらえる範囲は、そのまま親の知識量に比例してしまいます。

プログラミングがわからなければ、教えるのは大変ですし、化学の知識がないのに子どもと一緒に薬品を買いに行くこともできません。

でも、外部の仕組みをうまく使えば、子どもにきっかけを与え続けることは可能です。

このような情報を見逃さないためにも、**ＳＴＥＭ教育というキーワードで日頃から情報収集しておくことをお勧めします。**

ドローン、VR、3Dプリンターを子どもは使いこなせる

Qubena Academyでも、子どもたちにテクノロジーに関心を持ってもらうきっかけとしてワークショップを実践しています。

そこで2016年に行なった3つの事例について簡単に紹介します。

これらの事例はご家庭で実践するには難しいかもしれませんが、地域のコミュニティで行なってみたり、SNSで有志を募ってみたりすることで十分実践できます。参考になれば幸いです。

①【ドローンで花火を撮影して、VRで見てみよう!】

2016年の夏休みに千葉県郊外で行なったワークショップでは、**カメラの**

ドローンの操縦を練習する様子

ついたドローン*を子どもたちに操作してもらって打ち上げ花火を撮影し、その後、塾に戻って**VRのヘッドマウントディスプレイを装着して撮影した動画を見る**、という体験学習を実施しました。

子どもたちに課したテーマは「見たことがない景色を見よう」。

「花火はドローンで真上から見たらどう見えるのか？」

「もっとも綺麗な動画を撮るためには、どの花火を、どんなタイミングで、どんな向きに打ち上げたらいいのか？」

ドローン：無人航空機。住宅密集地でのドローン使用は国交省への届出制になっており、審査に1カ月くらいかかる。また、夜間飛行も禁止されている。花火を撮影する場合は夕暮れ時に行なう必要があるので注意が必要。「無人航空機（ドローン・ラジコン機等）の飛行ルール」は国土交通省のHPで確認可能。http://www.mlit.go.jp/koku/koku_tk10_000003.html

こうしたことまで子どもたちに考えてもらいました。

大人が上げる花火を子どもたちがドローンで撮影するだけでも十分面白いでしょうが、せっかくなので**子どもたちの創造性も発揮してもらったわけです。**

子どもたちは大喜びでした。最初は恐る恐る操作していたドローンも、コツを掴めばすぐに操作できるようになっていました。

ちなみにこのとき使ったドローンは2種類あって、ひとつは本番前にドローンの操作に慣れてもらうための練習機。壊れてもいいように高いものは使っていません（カメラ付きで1万円を切ります）。

ただし、安いドローンの弱点は飛行性能が甘いために風に煽られるたびに機体が揺れてしまうこと。パソコンの画面で再生するならまだしも、VRでその動画を見ると確実に酔ってしまいます。

そのため、本番の撮影ではプロ仕様のドローンを使用しました。

3Dプリンター：設計図を元に、実際に3次元のオブジェクトを自動的に造形してくれる機械のこと。1980年代から存在したが非常に高価で、2009年に特許の保護期間が切れたことを機に、ドローンやVRという最先端テクノロジー自体に興味をもってもらうだけではなく、**テクノロジーは使い方次第でいくらでも工夫できるということ**を理解してもらうのがこのワークショップの狙いです。

② 【3Dプリンターで本格的なジュエリーを作る!】

2016年の冬には**3Dプリンター*を用いた自作ジュエリーの工作を行なうワークショップを開催しました。**

まずは子どもたちにパソコンで3Dのデータ(CADデータ)*を作成してもらいます。それを塾においてある3Dプリンターで出力してみてイメージ通りか確認。最終調整を加えたCADデータは、貴金属の加工ができる業務用の3Dプリンターをもっている業者に送り、完成品を納品してもらうという体験学習です。

ジュエリーの材料費は実費負担なので大半の子はチタンを使いましたが、やろうと思えば金でも銀でも可能です。

低価格のマシンが普及しだした。造形の方法は、熱溶解積層方式(FDM)、粉末法など様々。DMM.makeでは、3Dプリントの依頼だけではなく、自分が作った3次元データを売り買いできる。

CADデータ:Computer-Aided Designの略。コンピューターを用いた設計のことで、設計図自体はCADデータと言う。機械用、建築用、土木用、電気(回路)用、服飾用など専門のCADシステムが存在する。

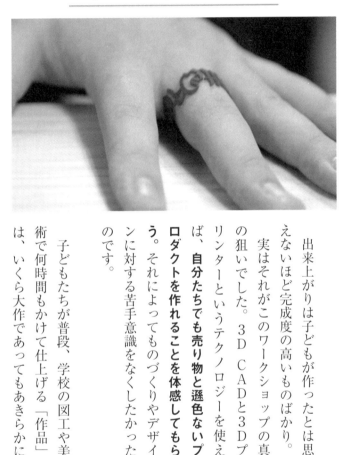

３Dプリンターで子どもがつくった指輪

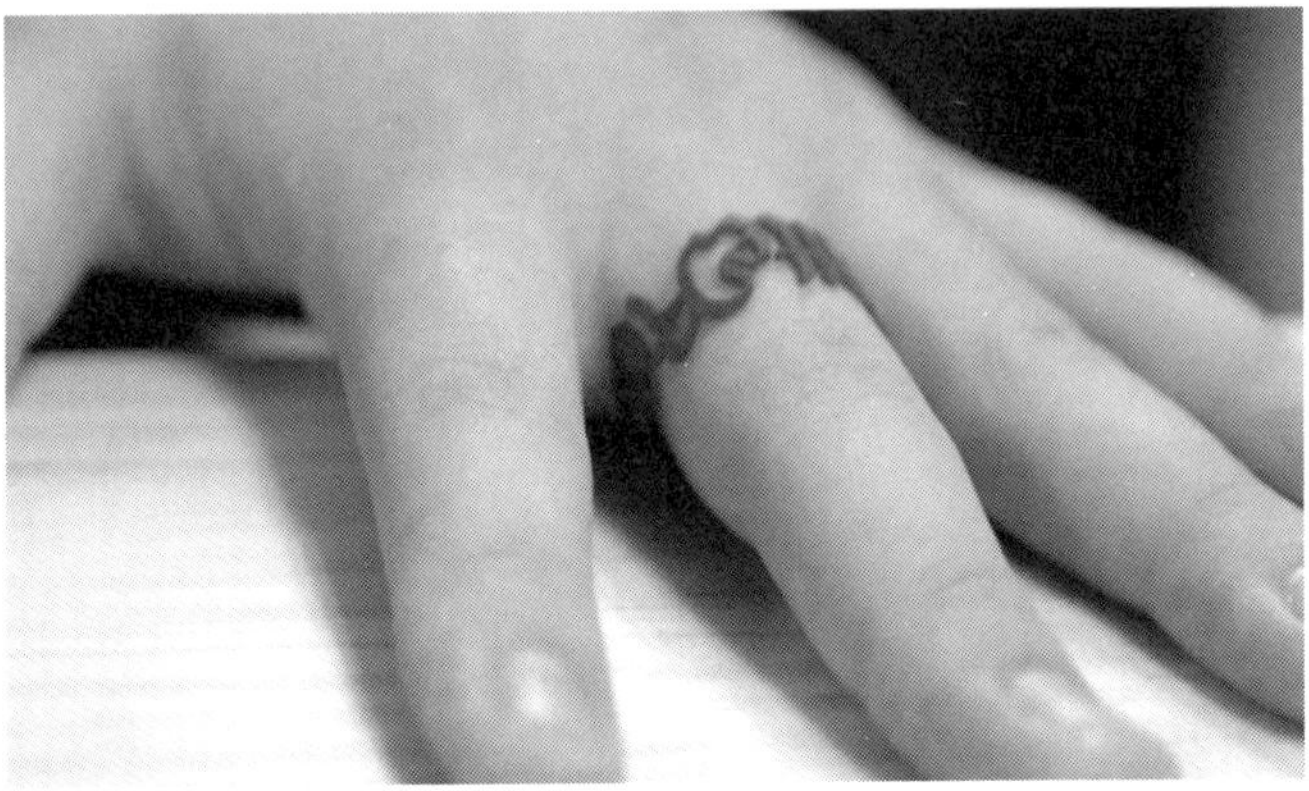

出来上がりは子どもが作ったとは思えないほど完成度の高いものばかり。

実はそれがこのワークショップの真の狙いでした。３Ｄ ＣＡＤと３Ｄプリンターというテクノロジーを使えば、**自分たちでも売り物と遜色ないプロダクトを作れることを体感してもらう**。それによってものづくりやデザインに対する苦手意識をなくしたかったのです。

子どもたちが普段、学校の図工や美術で何時間もかけて仕上げる「作品」は、いくら大作であってもあきらかに

「子どもが作った」ようにしか見えません。

もちろんそれは、筆を使う技術もなければ、工具を使いこなす技術もないので仕方がないことです。しかし、いくら先生が褒めたところで、大人の作品と並べてしまったら「自分にはセンスがないんだ」と思ってしまう子も少なからずいるはずです。

でも、コンピューターと3Dプリンターという「テクノロジー」を使えば、手先の器用さにかかわらず**誰でも自分の頭のなかのイメージを正確な形で再現できます。**

そもそも世の中のジュエリーデザイナーも工業デザイナーもアニメーターも、みなコンピューター上でデザインをしているのですから。

なお、このとき使った3D CADのソフトはAutodesk360*というソフトで、基本的な機能だけであれば無料で使えます。しかも、クラウド上で動作するので、ハイスペックのパソコンなどいりません。普段家庭で使っているノートパソコンなどで十分です。

Autodesk360：CADをタブレット端末でも使えるようにするクラウドサービス。

このソフトの特徴は直感的に3Dデータを操れること。キーボードとマウスを使いますが、子どもたちの吸収は本当に早いので誰でも使えるようになります。実際、このワークショップではソフトの使い方を教える作業も含めて、**データの完成までに要した時間はたったの2時間でした。**

もちろん、先にYouTubeなどで操作の仕方を予習しておけば、親が子どもたちに教えることも十分可能です。それくらい簡単です。

小さいときからパソコンに慣れている子であれば、小学校低学年でも難なく操作を覚えるでしょう。

このワークショップはあくまでも体験してもらうことが目的なので、無料のものを使いました。もし子どもが3Dのデザインに興味をもって、より複雑なことをしたくなったら、そのときにはぜひ、有料のソフトを買ってあげてください。

3Dプリンターもいま値下げが続いています。市販された当時は10万円以上

7つの異なる機能：LEDタグ（信号が来ると光る）、ボタンタグ（押すと信号を出す）、人感タグ（人の動きを感知すると信号を出す）、動きタグ（タグ自体が動くと信号を出す）、明るさタグ（明るさが変化する

していましたが、2017年では簡易的なものであれば3万円くらいから買えるようになっています。

③【ドローン・プラネタリウム】

2016年の秋には、第一学院高等学校秋葉原キャンパスのオープンスクールをお手伝いする形で**「ドローン・プラネタリウム」というワークショップを実施しました。**

使ったのは9機の小型ドローンと、ソニーが開発した話題のブロック型デバイス、MESH（メッシュ）。

MESHは親指ぐらいの大きさの電子タグで、7つの異なる機能*をもったタグが販売されています。それらを組み合わせることで簡単にIoT*デバイスをつくることが可能です。

このワークショップで使ったのはMESHのLEDのブロックです。

と信号を出す）、温度・湿度タグ（温湿度が変化すると信号を出す）、GPIOタグ（信号が来ると、外部のモーターなどにオンオフの指示を出す）。「ボタンタグが押されたら、LEDタグを光らせる」といったプログラミングがアプリで簡単に行なえる。http://meshprj.com/jp/

IoT：Internet of Thingsの略。あらゆるものにコンピュータが搭載され、インターネットや無線を介して相互作用する技術のこと。詳しくは5章にて。

MESHでドローンをプログラミング

それをドローンの上に貼り付けて、**子どもたちに事前にプログラミングしてもらったドローンの飛行ルートにLEDを点灯させるタイミングを合わせる**ことで（こちらもアプリでプログラミング）、真っ暗にした部屋のなかに次々と星座が現れる、という仕組みです。

参加したのは中学3年生たちでしたが、プログラミングを教える工程も含めて3時間半しかかかっていません。**そのときの動画***もあるのでぜひご覧ください。

このワークショップでは時間が限ら

そのときの動画：
https://youtu.be/qc268i_hw1g

れていたので、「こういう星座を作りたいのでドローン1号機はこういうルートで飛んでください」といった仕様書は当方で用意しました。しかし、合宿などであれば子どもたち自身で星座を調べて、演出自体を自分たちで考えてもらうこともできます。

STEM教育の基本はコンピューターに慣れること

さて、STEM領域は4つの分野に分かれているとお話ししましたが、実際に子どもがそれらに興味を持ってくれるかどうかはわかりませんし、強制すべきものでもありません。

ただし、未来を生き抜く力を最低限身につけるという意味では、コンピューターに慣れ親しんでおくことだけは今の時点からやっておくべきです。これは

STEMに興味があろうとなかろうと、です。

コンピューターはあくまでも道具であり、道具であるからこそ人工知能時代では自由自在に使いこなす必要があります。そうしなければ今の時代で読み書きができないほどの大きなハンディキャップを背負うことになります。

たとえば、将来は家業の農家を継ぐことが決まっている子どもであっても、農業分野でコンピューターを用いた自動化技術は既に始まっていることであり（詳しくはCHAPTER6にて）、人工知能をはじめとしたテクノロジーの力を活用しながら生産性を上げていかないと、全自動化された農家が続々と登場した段階で淘汰される恐れがあります。

よって、子どもにはできるだけ早い段階でコンピューターを買い与えることが重要です。最新のスペックのデスクトップパソコンである必要はなく、中古のノートパソコンでもいいでしょうし、スマホでもタブレットでも最初はいいと思います。

もちろん、**子どもが小学生のうちは、「寝る時間になったらお母さんに渡す」といった家庭のルールを決めることも大事です。**ただ、中学生くらいになるとスマホをとりあげても漫画をよんだり、ゲームをしたりと何かしら隠れて夜更かしをしたがりますので、そのときは、自己責任について教えてあげたうえで、自主性に任せてスマホを渡してもいいと思います。

スマホに子どもがはまるとコミュニケーション力が育たないのではないかという不安の声もよく聞きます。もしくは、「それこそ現実社会とのつながりが薄くなるのでは？」という心配もあるでしょう。

そうした側面が多少なりともあることは否定しません。

でも、スマホを全く与えないことによるデメリットのほうがはるかに大きいと私は考えます。

もしリアルな場でのコミュニケーション力や社交性を育てたいなら、サマーキャンプに参加させるとか、ボーイスカウトやガールスカウトに行かせるとか、親が積極的にホームパーティを開いて子どもも参加させるといった別の手段で、ピンポイントで鍛えてあげてください。

ここで一つ重要な点があります。

スマホでもタブレットでもパソコンでも、単に買い与えて、子ども用のフィルターをかけて安心してはいけないということです。

最終的にコンピューターをどう使いこなすかは子どもの興味次第です。しかし、**大人の責務としてコンピューターを扱う上でのコツや注意点を把握し、場合によっては子どもたちに教えてあげることが欠かせません。**

次のページからコンピューターを持ったら子どもたちが真っ先に興味を持つであろう、インターネット、YouTube、ゲーム、SNSについて、正しい付き合い方を解説していきたいと思います。

わからないことがあったらGoogleで調べるクセをつける

「ねえ。なんで空は青いの?」

子どもにこう質問されたら、みなさんはどう答えますか?

もし、答えを知っていたらその場で教えてあげることもできると思います。しかし、理由を知らなかった場合、あるいは知っていても自信がなかった場合は困ってしまいますよね。

でも、安心してください。空が青い理由を知っている、いないにかかわらず、理想的な答えはひとつです。

「なんでだろうね。Google先生に聞いてみようか!」

40代より上の世代の方のなかには「インターネット検索=ズルい」とか「あてにならない」といった認識をもっている方が少なからずいます。「子どもには早すぎるのでは」という意見もあるでしょう。

しかし、いまやインターネットは世界中の人の知見をシェアできるプラットフォームへと進化しました。その旗振り役がＧｏｏｇｌｅです。

そのような「知」の集合体であるインターネットを自在に使いこなす能力はＳＴＥＭ教育の基本中の基本であり、近い将来、その「知」を探し出す能力が、その人の「知」の優劣を分ける一つの大きな要因になることは間違いありません。

それにこれからの時代、コンピューターは常に身近にある「第二の頭脳」として存在しつづけます。

それを象徴するように、スマホだけではなく、macOS にSiri が、Windows 10にCortana*が標準装備されました。いずれも人工知能です。

現時点ではまだＧｏｏｇｌｅを開いて検索をするスタイルが主流ですが、かなり近い将来、わからないことがあったら人工知能に聞く（文字通り、声で聞

Cortana：コルタナはマイクロソフトにより開発されたインテリジェントパーソナルアシスタント。音声認識により声だけで検索やスケジュールの確認が可能。日本語には２０１５年11月から対応している。

く）ことが当たり前になります。

人工知能時代を生き抜く「知を探し出す能力」のためにも、子どもの時からGoogle検索はどんどん体験させてあげてください。

とくに子どもから質問されることは千載一遇のチャンスです。

もし答えを知っていたとしても、それをいきなり答えるのではなく、子どもと一緒に**インターネットを使って調べることで、「こうやったら知りたい情報を入手できるんだ」ということを体感させてあげることが重要です。**

コツさえ摑んでしまえば、あとは子どもたち自身で情報を集めることができます。

もちろん、インターネットで検索をしたとしても、一発で知りたい情報が得られるとは限りません。空が青い理由を調べていて、大人向けに書かれたページにたどり着き、「なるほど！　波長が関係しているんだ！」といきなり理解

疑問はGoogleで調べる

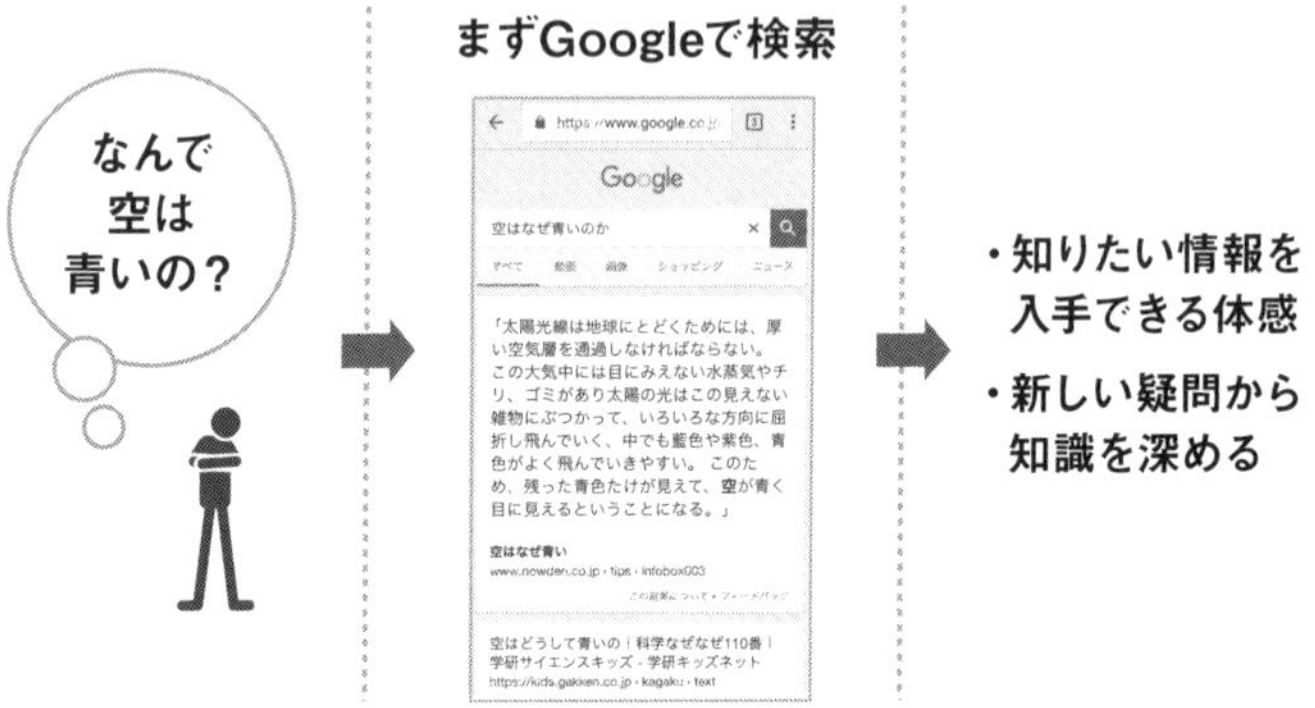

することは難しいでしょう。

　でも、そこで**新たな疑問が生まれても、そのまま芋づる式に情報を調べられることがインターネットの強みです。**

　たったひとつの素朴な疑問から、「太陽の光は7種類ある」とか、「それが虹の正体だ」とか、「地球と太陽の位置関係」といった周辺知識まで得ることができます。

　インターネットや人をうまく使うことで自分の「知」をいくらでもストレッチできる感覚と、知識は授業以外でも学ぶ術があることを、早い段階で身につけさせてあげてください。

子どもの能力を伸ばす一番の方法は YouTube を先生にすること

インターネット検索の話と似ていますが、**YouTube は何か新しいことを学ぶ時の最強のハウツーコンテンツです。**ぜひ子どもたちにその事実を教えてあげてほしいと思います。

もちろん、ウェブサイトにテキストで書かれた情報を元にハウツーを学ぶ方法もあります。でも、サッカーやダンス、書道といった実技を伴うハウツーであれば、動画にまさる情報はありません。

しかもそれらは無料です。

ちょっと興味を持ったけど、いきなりコーチからマンツーマンレッスンを受けるとなると怖気付いてしまう子も多いはずです。また、習い事を一度始めると入会金や最初の道具をそろえるだけである程度のお金も必要になってしまいます。それに対して、知りたいと思った時にプロのコーチが動画で教えてくれる YouTube は、最初のハードルをかなり下げてくれるという意味で、きっかけ教育としても活用できます。

また、「極める力」を身につけるプロセスで言えば、「水泳の授業、平泳ぎだったよな。苦手なんだよな」と思った時に、反射的に「よし YouTube で上手い人の泳ぎ方を見てみよう」と思えるようになるのが理想型です。

このように YouTube を先生として使う方法を子どもに教えるには、まずは**親がそういった使い方を子どもの前で実践することが、一番説得力があります。**「いままで作ったことがないパスタを作ってみようかしら。そうだ、YouTube で調べてみよう」と言って、台所でタブレットを見ながら実際に料理をする姿を見せると、子どもも「なんだか面白そうなことをしているな」と関心を持ってくれるでしょう。

もちろん、子どもたちは YouTube の**ヒカキン**＊やゲームの実況動画などに

ヒカキン：日本のユーチューバー。動画総再生数は55億回を超える（2017年3月現在）。もともとは口だけで楽器の音を出すヒューマンビートボックスの動画を YouTube にアップしていた。2010年「Super Mario Beatbox」によりブレイク。

も夢中になると思います。詳しくはCHAPTER3にて説明しますが、それらに熱中することは全く問題ありません。

むしろ、それをとっかかりにしてYouTubeを「楽しむもの」だけではなく、「自分の能力を伸ばすもの」として使っていってほしいと思います。

論理的思考能力、読解力、目標達成力はゲームで育まれる

ゲームは、料金体系で大別するとソーシャルゲームとコンシューマーゲームの2種類あります。

ソーシャルゲームは、ダウンロードも基本的なプレイも無料ですが、ゲームの機能を拡大させる時や、ゲームを有利に進める時に課金されるものです。

コンシューマーゲームは、私たちの世代で言うファミコンソフトのように、最初にまとまったお金を払い、あとは原則課金されないものです。

〈ソーシャルゲーム〉

ソーシャルゲームは、最初の1カ月くらいはゲーム自体のクセを把握したり、成果を上げるための試行錯誤を繰り返したりするので、論理的な思考能力が高められます。CHAPTER1で例に挙げたモンストも、ソーシャルゲームのひとつです。

しかし、ある程度ゲームに慣れてしまうと、基本的に頭を使わずに、ルーチンワークをひたすら繰り返す状態になりがちです。しかも、終わりがありません。

その段階に入ると、ゲームを攻略する楽しみはもはやなくなり、いかに珍しいキャラクターやアイテムを持っているかという「コレクターとしての優位性」を競い合うか、いかに総合得点が高いかという「かけた時間の優位性」を競い合う展開になりやすいです。

思考停止状態になりやすい点は注意しなければなりません。

さらに、ソーシャルゲームは「課金ビジネス」という言葉があるくらいですから、いわゆる「ガチャ」など、永遠と射幸心を煽り続けるシステムも多く存在しています。

とはいえ、ソーシャルゲームは子どもたちの間でのコミュニケーション手段のひとつになっていることも事実なので、全くやらせてはいけないというわけではありません。

ただし、**「頭を使わない無駄な時間が多いこと」**と**「お金を使う感覚が麻痺しやすいこと」**の2つを私たち大人が十分理解して、子どもたちとしっかり話し合い、越えてはいけない一線ではすぐに介入できるようにしておく必要があります。

〈コンシューマーゲーム〉

私が子どもにゲームをすすめる立場にいたら、コンシューマーゲームをすすめます。

最初にお金を払う必要があるので、経済的、心理的なハードルは高いかもしれませんが、それだけゲーム自体に価値のあるものが多いです。

特にオススメなのがロールプレイングゲーム（ＲＰＧ）＊。**常に論理的な思考能力が必要とされ、子どもたちの感受性に訴えるものも大きい**ため、一度クリアした後でも、何回でもプレイする価値があります。

よくドラマなどで親が子どもに「ゲームばかりしていないで本を読みなさい！」と叱る場面をよく見かけます。このように言う場合、親としては読書によって論理的思考能力や読解力、想像力、語彙力などを鍛えてほしいという願いがあるのでしょう。

でも、それらはゲームの世界でも十分鍛えられます。

特にロールプレイングゲーム（ＲＰＧ）は、ハードウェアの性能が飛躍的に向上したため、世界観がよく作り込まれていて、広大な世界を自由に冒険できます。ゲーム内で交わされる会話もしっかり読む必要があるので、国語のトレ

ロールプレイングゲーム（ＲＰＧ）：プレイヤーが主人公とその仲間を操作し、敵を倒しながら能力を高め、世界を冒険し、最終目標を達成するゲーム。『ドラゴンクエスト』『ファイナルファンタジー』『ポケットモンスター』シリーズが有名。

ーニングにもなりますし、「このダンジョンの奥には何があるんだろう」とドキドキしながら進むときの心境は、私たちが子どもだったころに冒険小説を読んでいたときの興奮に匹敵します。

それにゲームのシステムも複雑になっているので、論理的思考能力がなければストーリーが進みません。

「スキルを上げるためにはどうしよう?」
「お金を稼ぐためにはどうしよう?」
「強敵を倒すためにはどうしよう?」

まるで**社会人の悩みと同じような課題が、子どもたちの目の前に次々と山積していきます。**

これが実社会であれば、目の前に障害があった時の子どもたちの反応の仕方はさまざまでしょう。でも、ゲームであれば、明確なゴールがあるのでそうした課題を前向きに解決していく気持ちになることができます。

しかもその結果、ゴールに到達できれば、「自分にもできた!」という大きな自信にもつながります。「極める力」の訓練、そのものです。

＊＊＊＊

ソーシャルゲームもコンシューマーゲームも、使い方次第で多くのことを得られます。宿題や家事のお手伝いなど、**最低限やらなければいけないことさえできていれば、好きなだけやらせてあげればいい**、というのが私の考え方です。

同時に、ただゲームを与えて放置するのではなく、お子さんがいま何を考えているのか、脳のどんな領域が訓練されているのかといったことを、継続的な対話や観察を通してしっかり把握しておくことが大切です。

インターネットリテラシーを教え、SNSで仲間を増やす

近年社会で大きく変わったものといえば、SNSがもたらした新しいコミュニケーション手段や人々のつながり方ではないでしょうか。

ちなみにSNSの代表的サービスであるmixiの創業は1999年、LINEは2000年、フェイスブックは2004年と、この本が発売された時点で20年も経っていません。

SNSは2種類に分類できます。

一つはフェイスブックやTwitter、Instagramのように、不特定多数に対して情報を発信できるもの。

もう一つはLINEのように、特定の人とのコミュニケーションをとるものです。

①〈不特定多数に対して情報を発信するもの〉

フェイスブックやTwitterを子どもが使う場合、**継続的に教える必要があることは、情報の拡散力とそれがもたらす影響力です。**

その典型的な例が「バカッター」です。

馬鹿とTwitterと掛け合わせた造語で、社会的なルールに反した行為を写真や動画に収めてSNSに投稿し、大問題を起こした人やアカウントのことを指します。

2016年12月には愛知県のコンビニで商品のおでんを指でつつく動画を投稿した男性が、威力業務妨害の容疑で逮捕されました。このときは動画自体を撮影した女性も書類送検されています。

この例では行動自体が犯罪であり、もちろん大問題です。

でも本当に怖いのは、それを投稿しても問題にならないだろうと思い込んでしまっているインターネットリテラシーの低さです。

子どものうちは悪ふざけの一つや二つ、することでしょう。

昔であれば、それを学校の休み時間に友達に自慢して、その場で盛り上がるだけで済んでいました。

でも、SNS全盛の時代、悪ふざけの動画を閉ざされたネットワーク内でシェアしたつもりでも、その友達のうちの一人でもそれを全公開のSNSにあげた時点で、住所や氏名の特定、家や学校への抗議電話の殺到といった最悪の事態になりかねません。

それがたとえメールであっても、**「情報は自分の手元を離れた段階で、瞬く間に世界中に拡散する可能性がある」**ということを、そうしたニュースを見たらその顚末を含めて子どもたちにしっかり教える必要があります。

②〈特定の人とコミュニケーションをとるもの〉

LINEのような閉鎖的なコミュニケーションツールを使わせるときに大人としてしなくてはいけないことは、**そのツールが実際に子どもたちの中でどの**

ように使われ、それによって子どもがどのような状態に置かれているか、常に注意深く観察を続けることです。

今の時代、学校のクラスにＬＩＮＥグループがあったとしたら、そこには必ず裏ＬＩＮＥグループ（特定のメンバーを意図的に省くためのグループ）が存在し、さらに裏裏ＬＩＮＥグループが存在することもあります。

その結果、自分の知らないところでコミュニケーションが行なわれ、翌日教室にいったら自分に対する扱いがガラリと変わっていたり、突如として話題に追いつけなくなったりする事態も起こりうるということです。

それに昔であれば家に帰ったら一旦学校のことは忘れて家族とだけ向き合う環境だったのが、ＳＮＳがあることで（嫌がらせ目的の）「メッセージ」や「スタンプ荒らし」など、四六時中攻撃を受ける可能性があります。

つまり、**ＳＮＳがあることで現在の子どもたちは常に緊張と隣り合わせで生きているということです。**

だからこそ、子どもたちの様子を毎日よく観察し、対話の機会をもっと増やし、ほんのわずかな異変にも気づいてあげることが重要です。

＊＊＊＊

もちろん、ＳＮＳのメリットはたくさんあります。
北海道で育った私は高校時代、気の合う友人がほとんどいませんでした。でもそんな時に出会ったのが、パソコン通信です。今でいう掲示板のようなもので、パソコンに電話回線をつなげて、**ダイヤルアップ接続**＊をすれば、自分と似たような考え方の人に出会うことができる。それは当時の私にとってものすごい大きな心の支えになりました。

それに**ＳＮＳがあれば、何か特定のことに関心を持ったときに周囲に共感してくれる子がいなくても、世界中の同志とつながることができます。**
実社会では友達を増やすことは大変でも、ＳＮＳなら「友達１００人」はすぐに実現できるのです。

ダイヤルアップ接続：電話回線経由でインターネットやパソコン通信、企業内ネットワークなどに接続する方式。１９９３年以降に普及した。

HOW TO RAISE A CHILD TO SURVIVE
THE ARTIFICIAL INTELLIGENCE ERA

CHAPTER 3

子どもとの接し方を変え、人工知能時代に親子で適応する

子どもと同じ目線に立ち、時代の最先端を受け止める

ＣＨＡＰＴＥＲ３では、「極める力」と「ＳＴＥＭ教育」以外の、人工知能時代を見据えた子どもたちとの接し方について触れたいと思います。

真っ先にお伝えしたいことは、「子どもと同じ目線に立つ」ことです。

もちろん、「子どもっぽく振舞う」という意味ではありません。親の目線から過去の常識を安易に子どもたちに対して当てはめることはとても危険である、という意味です。

テクノロジーによる社会の変化が日に日に大きくなる時代だからこそ「子どもたちの目線こそ最先端である」という意識を私たち大人がもっと持たなければなりません。

子どもの目線を理解するために手っ取り早い方法は、とにかく自分でもやってみることです。そしてその後に、**「こうした刺激は、自分の幼少期の何に当てはまるのか」と想像力を膨らませてみることが大切です。**

たとえば私の塾にきている子どもたちのなかでは『BE BLUES!』*というサッカー漫画が流行っています。そこで私も実際に全巻を買って、読んでみることにしました。

第一印象は、さすがに登場するキャラクターが私が子どものころに読んでいたキャラクターとは異なり今風であること。でも、スポーツ青春ものとして王道の展開だなとも思いました。

そこで冷静に考えてみると、「この作品って、自分が夢中になって読んでいた漫画『スラム ダンク』*と同じではないか」と感じたのです。仲間と助け合ったり、ライバルがいたり、悔し涙を流したり。そこで描かれる世界を通して、子どもたちは「部活っていいな」「スポーツっていいな」と感じ取ります。

『BE BLUES!』：2011年より少年サンデーで連載されているサッカー漫画。作者は田中モトユキ。リアルな描写で、サッカー未経験者にも分かりやすい構成となっている。

『スラム ダンク』：1990年から96年まで週刊少年ジャンプで連載されたバスケットボール漫画。作者は井上雄彦。大人気作品であり、90年代にバスケットボールブームを巻き起こした。

子どもと同じ目線で立つ

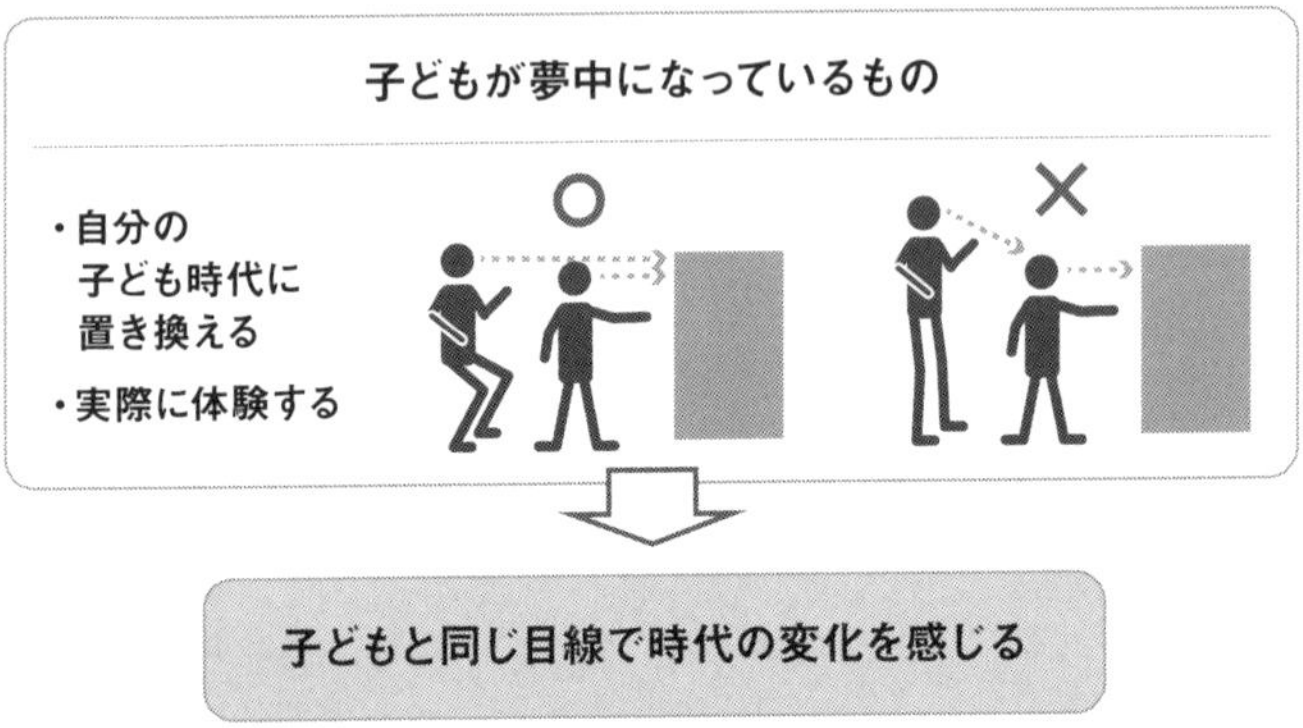
子どもが夢中になっているもの
・自分の子ども時代に置き換える
・実際に体験する
○
×
子どもと同じ目線で時代の変化を感じる

子どもたちの具体的な言動や、興味の対象は時代とともに変化します。それを把握しつつ、世代間に共通するところを見つけることができれば、より子どもの感じていることを想像しやすくなるのです。

この例では同じ「スポーツマンガ」なので、想像もしやすかったと思います。

一方で、VRゲームや、スマホアプリなど、自分が子どものころの何と置き換えて想像すればよいのか、難しい場合もあるはずです。そのときは、**過去をふまえ、より広い視野で、いまの子どもが夢中になっている遊びを考え**

てあげてください。

たとえば、はじめてマンガが登場したとき。当時の子どもたちは夢中になって読んでいました。一方で子ども時代にマンガが無かった当時の親は「マンガじゃなくて本を読みなさい」と子どもに注意していました。

しかし今やマンガは日本を代表する文化、そしてアートとなりました。当時マンガを読んでいた世代はもちろん、この本を買っている多くの方にとって、マンガは慣れ親しんだもののはずです。

また、マンガのほうが絵と言葉を結びつけることで記憶に残りやすく、そもそも読みやすいので学習マンガも増えています。

いま、マンガが本よりも劣っていると考える人は少ないのではないでしょうか。

同じように、いま子どもたちが夢中になっているものも、10年後、20年後にはなくてはならない文化に育つ可能性があるのです。

そして、**子どもが夢中になっていることを実際にやってみることも大事です。**「ゲームは1時間だけね！」と注意して台所に戻るのではなく、少しの時間でいいのでお子さんの隣に座って、一緒にゲームで遊んでみること。それに、一度経験すれば、その後お子さんに「最近、ゲームの進み具合はどう？」と質問をしても、その返答で何を言わんとしているか理解しやすくなります。

そうやって大人が少し歩み寄るだけで、子どもがこのゲームをしている時に何を感じ、何を学んでいるのか、断然想像しやすくなります。

私たちの子ども時代にはなかったもののもう一つの例としてはYouTubeがあります。子どもたちの熱中ぶりが特にすごいので、強烈な違和感を持つ方も多いと思います。

自分たちが体験したことがないものに気持ち悪さを感じてしまうのは仕方のないことです。

でも、そこで子どもに対して「ヒカキンの何が面白いの？」と言ってしまわないよう注意してください。憧れの対象であるユーチューバーの悪口を言われたら子どもは傷つきます。

ユーチューバーが小学生たちにウケるのは、自分たちではできないことをお兄さん、お姉さんたちが楽しそうにやってくれるからです。そして、子どもたちでもわかる言葉で解説してくれるからです。

つまり、子どもが好きなテレビにでてくる「戦隊モノ」と「お笑い芸人」と「子ども番組の司会者」の要素がすべて詰まっているようなものです。

私も小さいとき、テレビの向こう側のミュージシャンに夢中になった時期があります。

もしそんな憧れの人が、毎日、新しい動画を配信してくれて、しかも好きな時間に視聴できるのであれば、私は絶対に観ます。

時代に追いつくことは大変ですが、少なくとも「ああ、時代が変わったんだな」ということを、常に理解するように意識してみてください。

もしかすると、「やりすぎには気をつけてね」といった注意を促す必要もあるかもしれません。しかし、実際に子どもたちがどんなゲームをしているのか、何に夢中になっているのか知らないまま頭ごなしに言っても説得力はありません。**必要なのは子どもと同じ目線から、大人としての経験をふまえ、子どもに助言してあげることなのです。**

「やりたいことをやらせる」だけでなく、軌道修正を促す

時代の変化に敏感になりましょうと私がしつこく言っている理由は、子どもの承認欲求を満たしてあげるためです。

子どもの行動や夢を否定する行為は、自主性ややる気を削ぐだけなので、「極める力」の教育上、一番やってはいけないことです。

ただし、放任主義をとればいいというわけではありません。

たとえば「お子さんに将来、どんなことをしてほしいですか」という問いに、多くの方は「子どもがしたいことをさせます」と答えると思います。しかし、少なくともお子さんが小学生くらいまでは**承認欲求を傷つけない範疇での「極めてさりげない軌道修正」をする必要が私たち大人にはあると思っています。**

たとえば、お子さんが将来、何かをやりたいと言い出して、その職業が近い将来なくなることが予見されているとき、どうすればいいでしょうか？

中高生くらいになっていれば、技術の動向をきちんと説明すれば納得してくれます。でも、小学生ではなかなか理解してもらえないかもしれません。

こういうときに威力を発揮するのが、「WHY?」の問いかけです。**子どもとの対話を丁寧に重ねて、「なぜそれをやりたいのか」を深掘りしていく**ことで、その子の芯の部分にある願望や思いを汲み取り、別の形で実現する手段を提示する「軌道修正」をしてあげるのです。

たとえばお子さんが「犬小屋職人になりたい！」と言ったとしましょう。そこで「そんな仕事ないし、将来もないよ」と言ったら、子どもは傷つきます。「夢を持ったらダメなのか」と萎縮する子もいるかもしれません。

だから「そうなんだ。かっこいいね！」とまずはとにかく受け止めてください。

それから「なんで犬小屋なの？」とさりげなく聞いてみるのです。

「犬がかわいいから」という話なら「猫は？」と聞いてみて、「猫も大好き」というのであれば「獣医さん」という選択肢に食いつくかもしれません。

または「犬小屋って格好いいから」という話なら子どもでも使える3D CADで犬小屋のデザインをさせてみて、そこから「建築士」という方向性に促すことも可能でしょう。

あるいは、すでに子どもが少年野球やピアノ教室に何年も通っているのに、一向に上達しない、といった悩ましいケースもあると思います。

これは賛否両論になると思いますが、**もし本人のやる気が失せているようならさっさと辞めさせるべきだと私は思います。**

理由は2つあって、ひとつは単純に時間がもったいないから。もうひとつは、そうやって歯をくいしばった結果、「やりたくもないことをやる辛さに耐えること」を学んだとしても、人間がやりたくないことは人工知能がやってくれる未来ではもはや価値のあるスキルではないからです。

むしろ、他のことで「極める力」を鍛え、壁にぶつかったときの乗り越え方を身につけるほうがはるかに重要です。

仮にやる気があったとしても、他の選択肢もあるということだけはさりげなく提示しておく場合が優しさとなります。

とはいえ、**子どもたちがやりたいと思うことであれば、基本的にはその子に適性がある場合が多いです。**

子どもたちは自分の才能にものすごく敏感です。

かけっこであれ、勉強であれ、格闘ゲームであれ、「ちょっとやればできてしまった」、「人よりいい成績をとった」、「周囲に褒められた」といった経験から、子どもたちは自分に適性があるかどうかを感じ取ります。

そういうものはどんどん好きになって、自分のアイデンティティーにしやすいのです。

子どもの適性と欲求を見つけるために、刺激を与え続ける

自分の成功体験以外のパターンで子どもが「なにかをやりたい！」と思うときは、おそらくかっこいい大人を実際に見たときだと思います。パイロットに憧れるのも、看護師に憧れるのも、漫画やテレビや実物を見て、キラキラしている瞬間が印象に残っているからです。

ということは、**小さいときからいろんなモノを見せ、体感させるという子育てをしていれば、必然的に子どもたちの好きなことも増えていくのです。**

ちなみに私は中学生のときはロックスター志望で、高校時代は本気で総理大臣になりたいと思っていました。そして今の私は教育業界で革命を起こしたいと思い、企業の経営をしています。

一見バラバラでも、欲求の根底にあるのは「自分が思っていることを世界に訴えること」。子どものときはボキャブラリーが少ない（知っている職業が少ない）のでロックスターと言っただけで、自分の世界観が広がれば広がるほど選択が変わるのは当然のことです。

子どものもつ本当の欲求と適性（才能）が合致したときに、突然ブレイクスルーが起きます。

できれば、そのさりげないコントロールを私たち大人がしてあげることが理想です。

もし、子どもの適性が見出せない、もしくは子どもの欲求がわからない場合でも焦る必要はなく、**とりあえずそのときに子どもが最も関心があるものを使**

って「極める力」を身につけさせるだけで十分です。

あとは、いずれ適性と欲求が浮かび上がってくるように、新しい刺激をどんどん与え続けてあげてください。

ゲームや動画でも、新しい刺激を受ける方向に後押しする

新しい刺激は、必ずしも親が直接与える必要はありません。

もし**子どもが刺激を受けていない状態で立ち止まっていることに気づいたら、「さりげなく後押しをする」だけでもいいのです。**

具体的な例として、小学生や幼稚園児に人気のゲーム「マインクラフト」*を考えてみましょう。

このゲームは、大自然のなかに放り込まれたキャラクターが、木を伐採した

マインクラフト：2009年にスウェーデン人のNotchことマルクス・ペルソンによって開発されたサンドボックス（箱庭）ゲーム。その自由度の高さと無限に創造性が発揮できる世界観に、世界中の大人たちがはまり、のちにマイクロソフトがゲーム会社ごと買収。様々なゲーム機に対応している。

Mineclaft（マインクラフト）

り、地面を掘ったりしながら材料を集め、それを元に装備や建築資材などを作り、自分の基地や農場、牧場、敵を倒すためのトラップなどを作ることができます。基本的に終わりのないゲームです。

世界の教育機関はこのゲームによる学習効果に注目していて、2016年には「MinecraftEdu」という教育用のバージョンもリリース。さまざまな学校で試験的に導入されているくらいです。

ただ、現在の多くの小学生や幼稚園児がはまっているのは、マインクラフトの実況動画です。

知恵と時間をかけるほど「すごいもの」を作り込んでいけるゲームなので、**子どもたちからすれば「大人すげー」と思いながらみているのでしょう。**

それも立派な刺激です。

でも、毎日、動画ばかりみているだけで実際にゲームをしないのであれば、そこは親が背中を押してあげたらいいと思います。

「今度、誕生日プレゼントで買ってあげようか」とか、スマホにインストールしてみて親子で実際に触ってみるとか、そうやって実際にやってみれば別に実況動画の通りにやらなくても自分なりの楽しみ方があることにすぐに気づくはずです。

いざゲームを楽しみだしたら、さらに後押しできるタイミングを探っていきましょう。

たとえば子どもが自分の基地のデザインに工夫を凝らしていたら「格好いいデザインの建物を調べてみたくない？」と声をかけて一緒にＧｏｏｇｌｅの画

像検索をしてみるのはどうでしょうか。

几帳面な性格の子なら、方眼紙を使って設計図を書き、必要な材料の数を計算させるのも面白いかもしれません。

もし子どもがゲームに本当に熱中して「こんなキャラクターがいたらいいのに」と自分なりのアイデアを語りだしたら、パソコンを買い与えて「ゲームを作ってみたら?」とさらに背中をひと押ししてください。

背中を押すときは、できれば現実世界で実際にアクションをおこさせるように誘発することが理想です。

情報に対する感度を大人が高めれば子どもの可能性も広がる

CHAPTER3の最後に述べたいことは、子どもとの向き合い方というよりは私たち大人に課せられた課題です。

それは情報に対するリテラシーを上げることです。

日本は２０１６年の世界の報道自由度ランキング*で１８０カ国中72位です。中国政府から圧力を受けている香港（69位）よりも下です。

これは何を意味するかというと、**テレビや新聞といった日本のマスメディアから発信される情報はかなりのバイアスがかかっているということです。**情報の選別の仕方にしても、視聴率偏重な気がしてなりません。

たとえば、ロシアがアメリカに対してサイバー攻撃を行なったニュースが日本でセンセーショナルに取り上げられました。一斉に報道するのでものすごいニュースなのかと視聴者は思いますが、普段から海外の報道も見ている人たちは「そんなこと毎度のことでしょ。何でそんなに騒いでいるの？」という目で見ていました。

もしくは２０１６年10月にＧｏｏｇｌｅが発表した「ピクセル*」という新しいスマホが、日本対応は未定だという事実をご存じでしょうか。世界規模で

世界の報道自由度ランキング：http://ecodb.net/ranking/pfi.html

ピクセル：Google Pixelは２０１６年10月20日に米、豪、カナダ、ドイツ、イギリス、インドで発売された。

見れば日本の市場などたいしたことはないと思われているのです。

私はこのことを技術系のニュースサイトで知ったとき、騒ぎになるのかなと思ったのですが、結局日本ではほとんど騒がれませんでした。

それはおそらく大手マスコミでは扱いが小さかったので、受け身の情報収集だけではスルーされてしまったことが原因だと思っています。

情報リテラシーを上げる方法は簡単で、インターネットで積極的に情報を取りにいく習慣を身につけるだけです。

CHAPTER2で「お子さんと一緒にインターネット検索をしてほしい」と書いたのも、実は親自身が能動的に情報収集をすることで、情報に対する感度を上げてほしいという願いもありました。

特にGoogle翻訳の精度が飛躍的に上がった今、インターネット上にあるほぼすべての情報の扉が開きました。

日本人の感覚ではどうしても「インターネット＝日本語サイト」であって、

それですらとても大きな情報源だと感じますが、実はインターネットの世界では日本語ユーザーはマイノリティにすぎません。

Internet World Stats*の2016年6月の調査結果では、言語別のインターネットユーザー数で一番多いのが英語ユーザーで全体の26・3%。次いで中国語（20・8%）、スペイン語（7・7%）、アラビア語（4・7%）、ポルトガル語（4・3%）と続き、日本語は3・2%です。

つまり、すべての言語が高い精度で自動翻訳されるようになれば、日本人のアクセス可能な情報がいまの31倍になります。情報源を広げてみる絶好のチャンスです。

情報リテラシーを上げることで世界観が広がります。親の世界観が広がれば、必然的に子どもの世界観も広がります。

私が八王子で塾を開いていたときの進路相談では、ほとんどの生徒が地元の高校を志望校にしていました。私はそこであえて「ニューヨークならこんな高

*Internet World Stats：http://www.internetworldstats.com/stats7.htm

校、パリならこんな高校に入る選択肢もあるけど、君は八王子の○○高校に行きたいんだね」と念押しをするようにしていました。

嫌味で言っているわけではなく、ほとんどの生徒がほぼ自動的に「地元の学校の中なら、ここを選ぶ」という発想しかしていなかったからです。だからあえて極端な例として海外の高校を挙げることで「こういう選択肢もあるよ」と世界観を広げることの意味を伝えたかったのです。

子どもは目の前にある選択肢のなかから好きなものを選んで進みます。その子どもの目の前に何を用意してあげられるかは大人次第です。親も陰ながら情報を日々収集して、子どもの可能性を広げてあげてほしいと思います。

このように、社会全般の情報に対する感度を上げることはとても重要です。しかし、いきなりすべての分野に精通するのは難しいと思います。そこで**まず最先端をおさえていただきたいのは、テクノロジーの情報です。**

テクノロジーの情報収集にオススメのサイト

TechCrunch	URL	http://jp.techcrunch.com
	Twitter	@jptechcrunch
engadget	URL	http://japanese.engadget.com
	Twitter	@engadgetjp
GIZMODO	URL	http://www.gizmodo.jp
	Twitter	@gizmodojapan

私たち大人が未来を予測できるようになるためには、最先端テクノロジーの動向に敏感になっていないといけません。

現時点では「人工知能」「IoT」「自動化」「ロボット」「センサー」といったキーワードが中心ですが、こうしたキーワード自体も今後は少しずつ変わっていきます。新聞を毎日読んでいれば世界の出来事が流れで理解できるのと同じで、**最先端テクノロジーの情報収集も生活の一部として継続的に行なう必要があると思います。**

そうはいってもハードルは高くありません。

最も簡単な情報収集の仕方は、ＳＮＳのタイムラインを変えてしまうこと。すなわち、最先端テクノロジーの情報を発信しているメディアを「フォロー」するだけでいいのです。たったそれだけで日々目に入ってくる情報の質がガラッと変わります。

１１８ページの表に私のオススメのサイトを３つ紹介しておきます。

特に「TechCrunch の情報の質はかなり高く、日本語化されていない記事もたくさんあるので、関心が湧いてきたら本家の米国サイト*もフォローすることをおすすめします（私もＧｏｏｇｌｅ翻訳を使って愛読しています）。

米国サイト：techcrunch.com

HOW TO RAISE A CHILD TO SURVIVE
THE ARTIFICIAL INTELLIGENCE ERA

COLUMN

子どもが「将来就きたい職業」は人工知能時代も存在するのか？

本書の第1部では人工知能時代を生き抜く子どもの育て方についてご紹介しました。第2部は、人工知能時代の未来を想像するために押さえておいていただきたい知識を紹介します。

その前に、特別企画として、株式会社クラレが毎年実施している小学6年生を対象とした**「将来就きたい職業ランキング2016年度版」**の結果をもとに、その仕事が2045年に存在するのかどうか、人工知能やテクノロジーについて日々情報を収集し、考え続けている私なりの分析を試みたいと思います。

スポーツ選手

絶対に残ります。

スポーツは利便性を追求せずに身体の限界を競い合っているわけですから、**2045年になったからといって100m走で人が感動しなくなることはありませんし、「ロボットのほうが早いじゃん」といった発想にもなりません。**

将来就きたい職業ランキング2016年度版

男の子

位	職業	%
1	スポーツ選手	17.6
2	研究者	9.1
3	エンジニア	6.3
4	ゲームクリエイター	5.8
5	医師	5.8
6	教員	4.1
6	建築家	4.1
8	会社員	3.0
9	宇宙飛行士	2.5
9	鉄道･運輸関係	2.5

女の子

位	職業	%
1	保育士	6.8
2	教員	6.5
3	看護師	5.8
4	薬剤師	5.0
5	動物園･遊園地	4.8
5	デザイナー	4.8
7	医師	4.5
7	ケーキ屋･パン屋	4.5
9	漫画家･イラストレーター	3.5
10	マスコミ関係	3.0

また、仮想通貨の普及によって国の垣根を越えた金銭のやり取りが簡単にできるようになると、国内外問わずファンが直接的なスポンサーになる可能性が高いので、いまのようなプロアマの概念はなくなるかもしれません。それによって「金メダルを取ったのに生活がよくならない」といった日の目を見ない競技も、環境が変わってくるでしょう。

練習環境については人工知能がその人の体に最適な練習メニューを教えてくれることが当たり前になります。戦術の効率化についてはすでに全日本女子バレーチームやリーガ・エスパニョーラ（スペインのプロサッカーリーグ）などでは試合のデータを人工知能に学習させています。**監督やコーチだけでなく、選手にもITリテラシーが必要になるでしょう。**

研究者

ぜひその夢を実現させてほしいです。

　ただし、あらゆる分野の研究で人工知能を使うことが当たり前になるので、いまのうちからコンピューターには慣れ親しんでおく必要があります。

　ＳＴＥＭ領域ばかりではなく、「人間のあり方」や「幸せとは何か」を研究する社会学や哲学の分野が再興すると予想しています。

●エンジニア

　産業のど真ん中です。

　とくにいまは人工知能の技術者やデータサイエンティストの数が需要に対して圧倒的に足りていません。ＧｏｏｇｌｅやＦａｃｅｂｏｏｋ、アマゾンなども優秀な大学院生を囲い込もうと億単位の年俸を用意しています。もちろんそれ以外にも、ロボット、ＶＲ、遺伝子工学などの分野も確実に伸びますが人材不足です。

また、エンジニアとして起業を志すなら、できるだけ専門を限定しないで、STEMの領域をすべてカバーしてやるくらいの気持ちで学んだほうが有利です。

第二のイーロン・マスク*を目指してください。

●ゲームクリエイター

残ります。ただし**残るのはコンセプト作りやプロデューサー的な仕事**で、プログラミングの仕事は自動化される可能性が高いです。

また、あと数年もすれば、人工知能が入ったゲームでなければゲームではないといわれる時代がくるはずです。

イーロン・マスク：オンライン決済システムの「PayPal（ペイパル）」や、電気自動車事業の「テスラ・モーターズ」、宇宙事業の「スペースX」、太陽光エネルギー事業の「ソーラーシティ」など、複数の世界的企業を創設している起業家。スタンフォード大学院を2日で退学し、起業した。

医師

施術や診断の多くは人工知能が行なうことになるでしょう。一家に一台、ドクターマシンが置かれるようになれば、なおさら人間の臨床医は減ります。

ただし、人工知能が提示した治療方針に納得してもらうといった**カウンセリングや、心のケアといった領域は、人間の医師にしかできない**ので、コミュニケーション能力が重要になってきます。

また、遺伝子工学の動向次第で病気や老化の概念がまったく変わる可能性もあるので、人の命を救うためには最初からバイオ方面に進むのも手です。

教員

詳しくはCHAPTER6で解説しますが、実技系の科目以外には教師はいらなくなり、コーチに置き換わる可能性が高いです。

人のモチベーションを上げるコーチング技術は２０４５年においてとても貴重なスキルになるでしょう。

●建築家

かなり門戸は狭くなりますし、仕事の内容も変わってきます。

人工知能が構造計算から積算まですべて行なうようになった段階で、人のライフスタイルを丸ごと提案できるようなクリエーターとしての建築家しか残らないはずです。

自動建築技術や次世代の建築素材の開発といった領域は今後もますます伸びていきます。

会社員

２０４５年は基本的に個の力で勝負をするフリーランス＊の時代になるので、会社自体がかなり縮小し狭き門になると思います。

その頃には最適な人材を見つける人工知能があるはずなので、「とりあえず採用してみる」という今の新卒一括採用方式は無くなるでしょう。

特に製造業では製造や事務の仕事は人工知能とロボットが行うようになるので、**会社は経営責任をもつ経営者と一部の優秀な管理職、営業職、および人工知能やロボットのエンジニアだけという形に収斂すると予想しています。**

会社を去る人のうち、個の力をもった人たちがフリーランスや新しい会社の立ち上げなどで生き残るでしょう。

フリーランス＊：特定の企業や団体、組織に専従せず、自らの才覚や技能を提供することで報酬を得る個人事業主。

宇宙飛行士

いかにも未来の職業っぽいですが、残っていない可能性があります。**２０４５年なら人類は火星に降り立ち、移住化計画がはじまっている可能性もあります。**でも、それだけの技術があるときに操船や船外活動を人間がしているとは想像しづらいからです。

もちろん、宇宙開発や宇宙探査の分野はずっと残ります。

鉄道・運輸関係

すべて自動化されます。

鉄道も飛行機も船もトラックもタクシーもすべて自動運転が基本になるの

で、残るのは経営者とメンテナンスのクルーと接客係くらいでしょうか。

そうかと言って人間が運転をする楽しみを手放すとは思えないので、職業としてのレーサーは残っているでしょう。

保育士

残ります。

ただし、オムツ替えや子どもの見守り、授乳などはロボットが行ないます。

保育士さんたちは保護者の相談に乗ったり、子どもとのコミュニケーションにフォーカスするようになるでしょう。

看護師

医師と同じで、**肉体作業はロボットが代替するので、看護師は患者さんとのコミュニケーションに特化する仕事になると思います。**

「看護師」という名称自体なくなっているかもしれません。

介護福祉士も同じです。コミュニケーション能力がさらに求められるようになります。

薬剤師

親が就かせたい職業でも上位に入るそうですが、薬剤師の大半は人工知能に代替されると思います。

なぜなら薬剤師に求められるのは膨大な薬の知識と、ダメな飲み合わせを防止することであって、それはいまの人工知能のレベルでも十分代用可能だからです。

ただ、それより早く仕事がなくなるのが新薬開発です。こちらは**ほとんどの研究作業を人工知能がこなすので、データサイエンティストの素養を持った薬剤師しか残らなくなります。**

● 動物園・遊園地

裏方作業は自動化。動物を手なずけるスタッフは引き続き人間が行なっているでしょう。

エンターテイナーとしてのスタッフは残ります。

デザイナー

パリコレのランウェイに立つとか、大手企業広告のクリエイティブを担当するといったカリスマ的なデザイナーを除けば、激減する可能性があります。

たとえばアパレルなら、一握りのトップデザイナーがパリコレなどで新作を発表し、それ以降は**各国の服飾工場の人工知能がそのデザインを踏襲して、マーケティングデータに基づいて自動的にデザインをする**といったことが一般化すると思います。

ただし、たしかな腕と自分の作品を見せる演出力があればファンがつき、自分がデザインした服に注文が入ったらアマゾンなどの工場で自動的に作られ、注文主に送られるという形もありうるでしょう。

よって情報発信力も問われそうです。

ケーキ・パン屋

ぜひなって欲しいですが、かなり狭き門です。美味しいケーキやパンを作っても、大手メーカーの人工知能によって解析され、完璧に再現されるようになると思います。

それにめげず、**常に新しいものを生み出していく情熱があれば、きっと固定のファンもつくでしょう。**

もしお子さんがパン屋さんになりたいという場合、パンのブログなどをはじめさせて、創造性のモチベーションを上げてみるのがオススメです。

漫画家・イラストレーター

0から1を生み出すクリエーターはいつの時代でも残ります。エンタメとしての強い刺激はVRによっていくらでも受けられる時代になるので、ストーリーテラーとしての要素がいま以上に重視されるでしょう。

それに**漫画もVRで読まれる時代になるかもしれないので、そうなってくるとメディアの垣根が曖昧になりそうです。**

いずれにせよ紙とペンの時代は終わったので、子どもの時からイラストはパソコン上で書く習慣をつけておき、さらに動画やアニメ、3Dなど、他の領域もかじっておくのがオススメです。

マスコミ関係

活躍の場はネットです。日本のテレビをみても、Netflix や Amazon プライムのCMが入ったり、AbemaTV とのコラボ番組があったりと、ネットの前に完全敗北しています。かつて、堀江貴文さんのライブドアがフジの買収を仕掛けましたが、似たような事態がまた起きてもまったく驚きません。

もし**ジャーナリストを目指すなら、撮影や編集の技術も磨いて自分のチャンネルを YouTube 上にもっておくといいでしょう。**

出版関係を目指すのであれば、企画力を磨きましょう。情報を整理するだけの編集能力はいずれ人工知能がカバーします。「こんな本があったらいいのに」という思いを大切にしてください。

その他ランキング外

警察官

私たち人間が手放さないと思うので残ります。

ただし、警察官になれるのはいまのキャリア組のような意思決定者レベルのみ。

危険な仕事はすべてロボット。道案内もパトロールもロボット。

また、**町のいたるところに監視カメラがつき犯罪予防や取り締まりに役立てる時代になる**ので、そうなると交番はロボットの充電場所になっているかもしれません。

消防士

管理職以外はほとんどゼロに。

消火活動もレスキュー活動もロボット化されていくでしょう。

もちろん、**災害発生時に人を励ますことも大事な仕事なので、完全にいなくなるわけではありません。**

できれば、かっこいいレスキューロボットの開発者になってください。

弁護士・検事・裁判官

いまの司法の仕組みが過去の判例を参考に行なわれていることを考えると、司法もだいぶ変わると思います。

間違いなく残るのは、人を罰する最終判断をする裁判官。人工知能がくだした判断を読み上げることが主な仕事になります。

人工知能があれば自己弁護をする人が増えるはずなので、弁護士の需要は減るかもしれません。

公務員

職種次第ですが、採用枠は相当狭まるでしょう。

住民票の発行が自動化されたように、**公務員が行なう仕事のうち人工知能でもできる仕事の求人はどんどんなくなります**。とくに書類上の手続きなど多くの人に対して同じ作業を繰り返す仕事は自動化がしやすい分野です。

「公務員は安定している」という定説は捨ててください。

大工

宮大工や一部の左官職人のように、人間の手で行なうことに価値がある技術を除けば、ほとんど自動化されると思います。

ただ、**自動化に対する反動で、意外とログハウスビルダーなどは残るかもしれません。**

芸能人・歌手

残ります。

活躍の舞台や収益の仕組みが多様化するので、熱烈なファンを獲得できる個性をもち、なおかつ最新テクノロジーをいかに使いこなすかが勝負になると思います。

もちろん、**人工知能で動くフルCG（3D）のアイドルや芸能人も一般化するでしょうから、「アイドルクリエーター」という仕事が生まれているかもしれません。**

楽器の演奏も残ります。

花屋

装飾の一環として花を飾り付けるような作業ではまだ人間が活躍しているかもしれませんが、花束を作って売る程度の仕事であれば、花の自動栽培施設に隣接した「ブーケ工場」で人工知能が最適な花の組み合わせを選んで、それをドローンで届けるといった仕組みになるかもしれません。それに、枯れない花が開発される可能性も否定はできません。

いずれにしても、街角の花屋は激減すると思います。

SECTION 2

HOW TO RAISE A CHILD TO SURVIVE
THE ARTIFICIAL INTELLIGENCE ERA

第2部

人工知能とは何か、未来はどう変わるのか

HOW TO RAISE A CHILD TO SURVIVE
THE ARTIFICIAL INTELLIGENCE ERA

CHAPTER 4

そもそも人工知能とは何なのか

大きく変わる未来を予測するためには基礎知識が必要

第2部では、**いまコンピューターやテクノロジーの知識がない方でも、現代の技術的な趨勢と、それがもたらすであろう未来の姿を想像できるようになっていただくために、**少し技術寄りの話題を取り上げていきたいと思います。

このCHAPTER4ではまず人工知能についての基礎的な知識を紹介し、次のCHAPTER5では自動化技術とそれがもたらす未来についての私なりの予測を、踏み込んだ形で解説していきます。最後のCHAPTER6は、大きくテーマを変えて、人工知能を使うことで教育がどう変わっていくのか（いくべきなのか）について述べたいと思います。

では早速参りましょう。

2045年の「シンギュラリティ」と「ムーアの法則」

「2045年には、人工知能が新しい人工知能を生み出すようになり、もはや人間には未来予測ができなくなるほどのスピードで社会が変革していく」

これがレイ・カーツワイル*博士が提唱した、**シンギュラリティ**（技術的特異点）の概念であり、多くの研究者が賛同している考え方です。

カーツワイル博士は現在、ＧｏｏｇｌｅでＡＩ開発を行なっている人工知能研究の権威です。

シンギュラリティとは、日本語で技術的特異「点」と表現するように、技術的な進化の成長曲線が、あるときから爆発的に上昇していくその「瞬間」のことです。そしてそれは２０４５年に起こると予測されています。

ではなぜ２０４５年なのか？

レイ・カーツワイル：アメリカの発明家。人工知能研究の世界的権威であり、特に技術的特異点（シンギュラリティ）に関する著述で知られる。

ムーアの法則

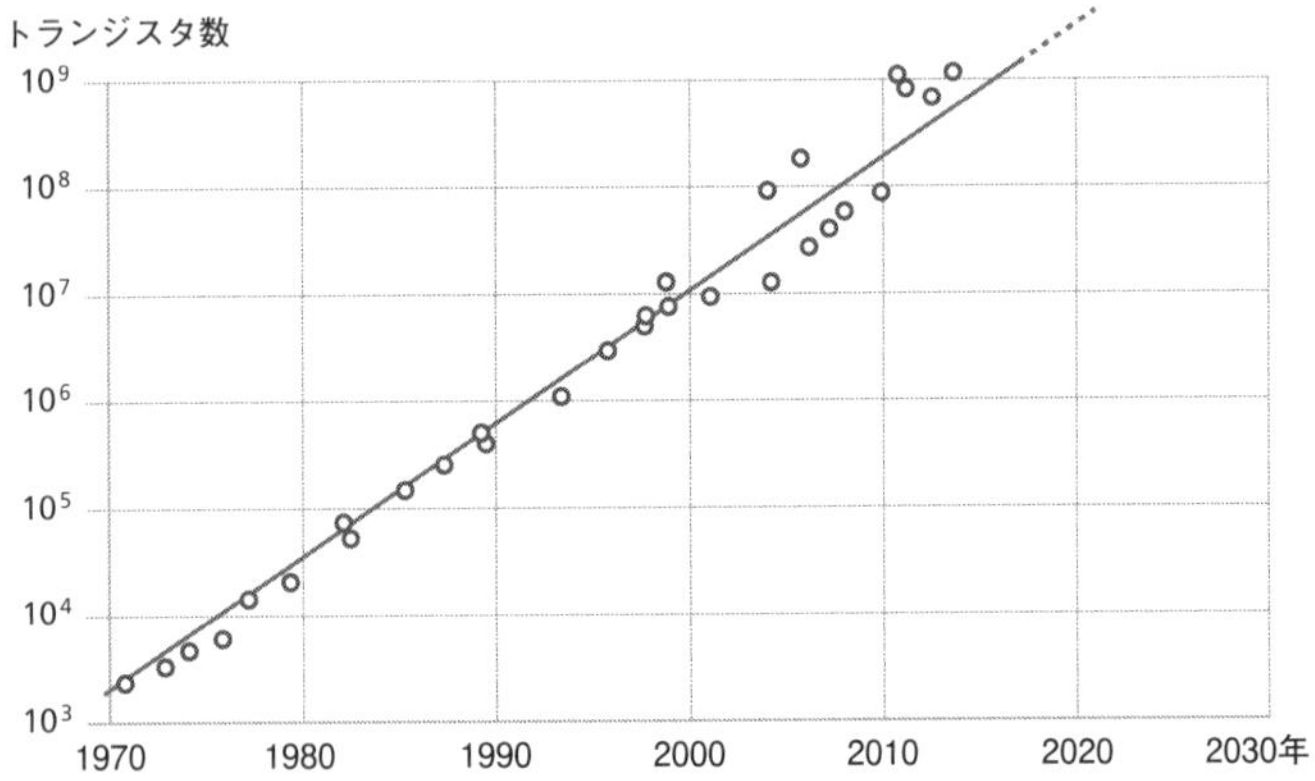

その根拠の一つに「ムーアの法則」と呼ばれる、技術革新のスピードの指針となっている法則があります。**「半導体の集積密度は18〜24カ月で2倍になる」という法則**で、アメリカのゴードン・ムーア博士が１９６５年に論文で発表したものです。

実はムーア博士は、ＣＰＵ*メーカー、インテル社の共同創業者です。「18〜24カ月」という数字は１９６５年当時の経験則で導き出した予測だったのですが、何がすごいかというと、実際にインテルのエンジニアたちがその法則を50年以上、実現しつづけてい

ＣＰＵ：Central Processing Unit。記憶装置上にあるプログラムを順に読み込んで解釈・実行し、情報を加工する。システムの中心的な処理を行う処理装置の一種。

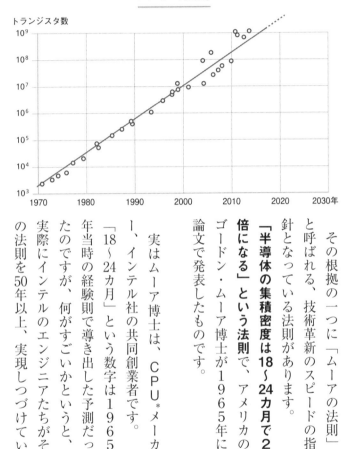

ることです。

１５０ページのグラフは、縦軸に一つのＣＰＵの中に含まれるトランジスタの数、横軸に発表された年を表しています。

トランジスタとは簡単に言えばオンかオフかを切り替えるスイッチのことで、コンピューターで動くあらゆるプログラム、写真、音楽データは、突き詰めていくとオンかオフの集まりにすぎません。よって**ＣＰＵのトランジスタが増えれば増えるほど人間で言えば脳の容量が拡大していくようなもの**なので、処理速度が速くなることを意味しています（もちろんトランジスタ数だけの問題ではありませんが）。

１９７１年に登場したインテルの４００４*マイクロプロセッサのトランジスタの数は２３００個でした。それが２０１７年のXeon*プロセッサになると10億個を超えています。

もしくはＡｐｐｌｅのiPhoneだけを見ても、２０１２年のiPhone5と２０１６年のiPhone7では処理能力が5倍も進化しています。

このようにパソコンメーカーや家電メーカーも、この「ムーアの法則」を自

４００４：世界最初期のマイクロプロセッサのひとつ。１９７１年11月15日に出荷が開始。４ビット。クロック周波数は５００ｋＨｚ～７４１ｋＨｚ。

Xeon：インテルが発売しているハイエンドＣＰＵのブランド名。主に業務用。

社商品の開発サイクルの目安として取り組んできました。
その結果もたらされたのが、コンピューターの高性能化と低価格化です。

そして「ムーアの法則」がこのまま続けば（それがインテルのＣＰＵではなくても）、**２０４５年の時点では１０００ドルのコンピューターに搭載されるＣＰＵのトランジスタの数は、人間ひとりの脳細胞の数の１００億倍になります**。つまり、全人類が束になっても一つのＣＰＵに勝てなくなるという予測が、同じくカーツワイル博士によってなされているのです。

つまり、コンピューターの性能がそこまで進化すれば、シンギュラリティが起きる「知能の土台」としては十分だろう、ということです。

人工知能はいつ誕生したのか

カーツワイル博士がシンギュラリティについて論文で発表したのは2001年。「2045年説」を発表したのは2005年のことでした。

しかし、当時は懐疑的な人たちも多くいました。

なぜなら、超高性能なコンピューターが実現しても、コンピューターでどう「高度な知能」を実現するのか突破口が見えていなかったからです。

「Artificial Intelligence（人工知能、AI）」という言葉がはじめて使われたのは1956年。実はかなり歴史は長いのです。

同年、アメリカのダートマス大学で行なわれた通称「ダートマス会議*」において人工知能という言葉が提案され、これを機に政府や大企業が人工知能の研究者たちに莫大な資金を注ぎこむ大きなムーブメントが起きました。

この時研究者たちが目指したのは、人間と同じような複雑な思考ができるコ

ダートマス会議：ニューハンプシャー州のダートマス大学で行なわれた人工知能研究者による会議。10人の研究者が1カ月間ブレインストーミングを行なった。

ディープラーニングの位置づけ

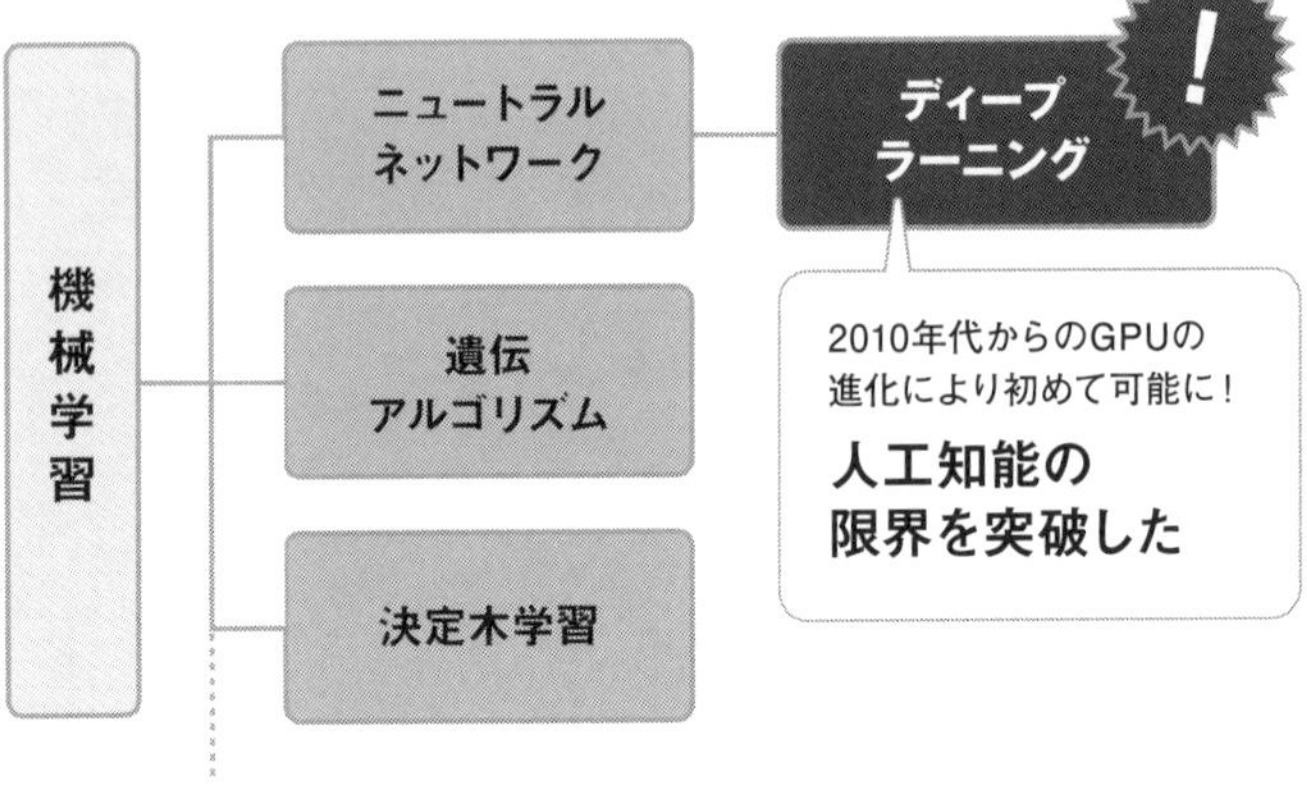

ンピューターを作ること。こうしたコンピューターのことを、**「なんでもできる」という意味で「汎用ＡＩ＊」と言います。**ターミネーターやドラえもんを想像していただけたらいいと思います。

でも現時点では「汎用ＡＩ」はまだ実現していません。

ちなみにこのとき人工知能の研究をしていたのはＩＴのエンジニアではなく、脳科学者や心理学者です。彼らが人間の脳のメカニズムをコンピューター上で再現するための様々なモデルを考え出したのです。

汎用ＡＩ：人間と同様、あるいは人間以上の能力で特定の作業やタスクに限定されずあらゆる状況に対応できるＡＩ。「強いＡＩ」とも呼ばれる。逆に、特定の決まった作業のみを行うＡＩを「特化型ＡＩ」、あるいは「弱いＡＩ」と呼ぶ。現在開発されている自動運転や将棋の人工知能は特化型ＡＩとなる。

ただ、当時はコンピューターがまだまだ非力だったこともあり、直接的な成果にはつながりませんでした。

その後、80年代にも人工知能ブームが起きます。

この時、**特に注目されたのが機械学習。**

データを解析し、パターンを見出し、それを用いて判断なり未来予測をさせるための方法です。

「汎用ＡＩは難しそうだから、とりあえずコンピューターがデータから学んでいく方法はないか？」と考えたわけです。

つまり、機械学習とは人工知能という大きな枠組みの一部分にあたります。

その学習をさせる技法として、決定木学習や強化学習、遺伝的プログラミングなど様々な試みがなされました。

人工知能の進化に突破口を開いた「ディープラーニング」

80年のブームも大きな結果にはつながりませんでしたが、その時に考案された機械学習の技法の一つだった「ニューラルネットワーク*」と呼ばれる、脳の神経回路を数学的に再現した技法にこだわり続けた学者がいました。それがトロント大学のヒントン教授です。

その成果が世界的に知られることになったのは2012年のこと。各研究機関が開発している機械学習を持ち寄り、画像をいかに正確に認識させるかを競い合うILSVRC*という大会において、ヒントン教授がリーダーを務めるトロント大学のチームが2位に10%以上の正答率の差をつけて優勝したのです。そのとき使われた技法は、**ニューラルネットワークをベースにした「ディープラーニング」と呼ばれました。**(154ページの図)

ニューラルネットワーク：シナプスの結合によりネットワークを形成した人工ニューロン(ノード)が、学習によってシナプスの結合強度を変化させ、問題解決能力を持つようなモデル。教師信号(正解)の入力によって問題に最適化されていく教師あり学習と、教師信号を必要としない教師なし学習に分けられる。

ILSVRC：2010年から開催された画像認識を競う大会。2012年大会ではディープラーニングを用いたモデルが2位に10%以上差をつ

画像認識レベルの結果推移（ILSVRC）

・2012年に一気に10%も誤認率が下がった（それまでは毎年2%程度）
・2015年に人間の精度を上回った

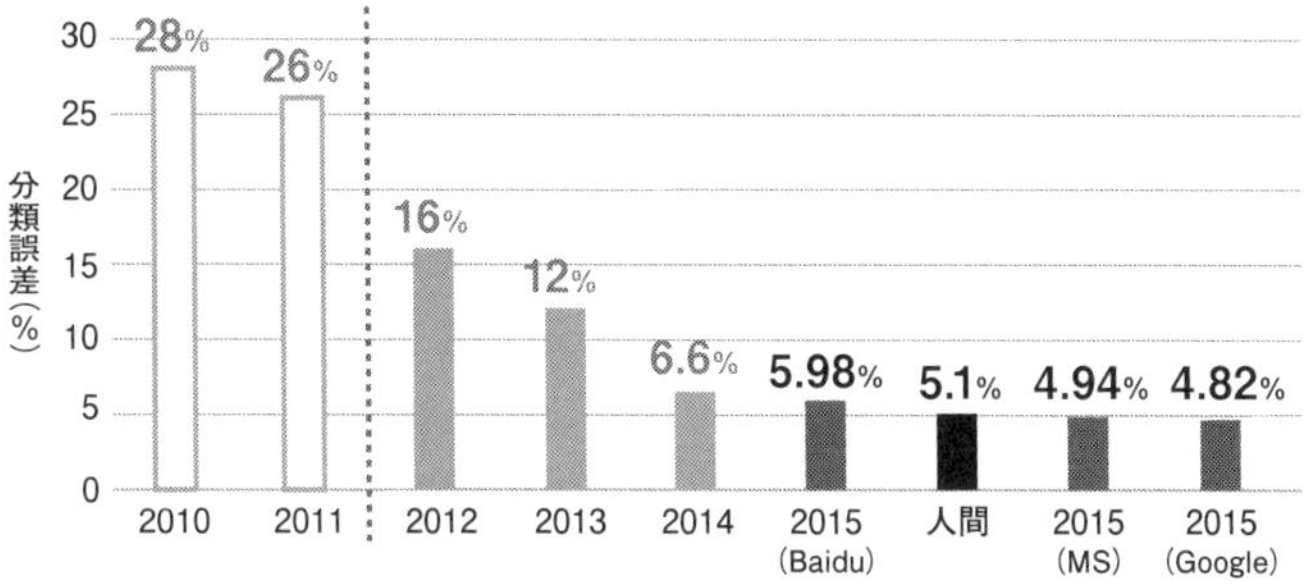

この技術はその年にマイクロソフトで検証され、実験段階で音声認識の精度を25%も引き上げることに成功。今のスカイプの同時通訳機能にも活かされています。

その他の研究機関もこぞってディープラーニングを研究するようになり、現在のILSVRCはさながらディープラーニング競技会と化しています。

特筆すべきは2015年の同大会です。この大会では**ディープラーニングを使ったＧｏｏｇｌｅの人工知能が、ついに人間の画像認識レベルを超えました。**

けたのに対し、2位と3位の差は0・8%程度だった。

ディープラーニングの導入が進んでいる分野

自動運転	**新薬開発**
画像認識	**与信調査**
音声認識	**品質管理**
感情認識	**記事執筆**
レコメンデーション	**株の売買判断**
自然言語処理	**不動産物件の価格設定**
医療診断	**作物の収穫予測**
遺伝子検査	**ゲーム開発**

まさに、限られたある分野であるとはいえ、**人間の知能を超える「人工知能」がディープラーニングによって誕生したといえるでしょう。**

そして、2012年からわずか5年で、ディープラーニングはありとあらゆる分野で活用されるようにもなりました。

その一部を挙げてみます。

私たちの人工知能型教材「Qubena」もディープラーニング技術を用いています。これは子どもの理解度に応じて最適な問題を出すことができる人工知能です。

ディープラーニングの実用化を支えた「GPU」

ディープラーニングがここまで短期間で発達を遂げた背景には、GPU*と呼ばれるプロセッサ*の登場があります。

こちらも簡単に説明しておきたいと思います。

ディープラーニングは、その特性上、膨大なサンプルを与えられます。そのため、多くのデータを高速で処理する必要があるのです。

いくらムーアの法則でCPUの処理速度が上がっていたと言っても、実はそれだけでは実用に堪えないレベルの遅さでした。

そこに現れたのが、**もともとは3Dグラフィックスの処理を速めるために開発されたGPUという半導体製品。**プロのアニメーターやマニアなゲーマーがそれらを秋葉原などで買ってきて、自分のパソコンに搭載して、3Dの動画を

GPU：Graphics Processing Unit（グラフィックス プロセッシング ユニット）の略。主に画像処理に使われる。

プロセッサ：プログラムによるデータの転送、計算、加工、制御、管理などを実行するためのハードウェア。処理装置の総称。

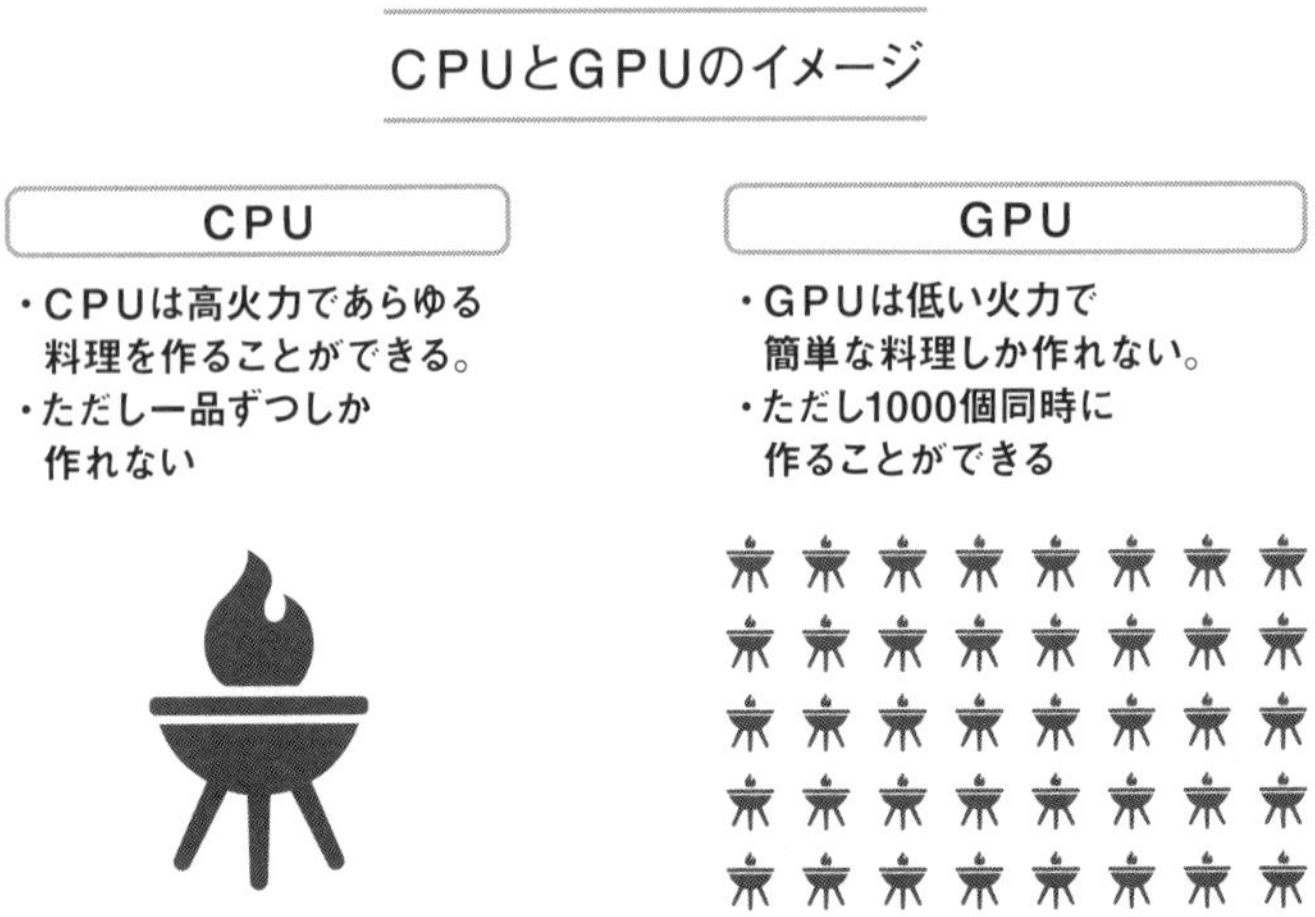
CPUとGPUのイメージ
CPU
・CPUは高火力であらゆる料理を作ることができる。
・ただし一品ずつしか作れない
GPU
・GPUは低い火力で簡単な料理しか作れない。
・ただし1000個同時に作ることができる

作ったり、高解像度でゲームを楽しむために使われていたものです。

　このGPUは、CPUと同じようにコンピューターの頭脳にあたります。

　CPUと違う点は、**CPUが「一つの大きな脳」だとしたら、GPUは「たくさんの小さな脳」であること。**

　ガスコンロにたとえるなら、CPUは強力な火力が出せますが一つしか口がないコンロ。GPUは弱い火しか出せませんが、1000個も口があるコンロだと思ってください。

　つまり、GPUでは中華料理のように強い火力が必要な料理は作れませんが、弱い火力でいい料理なら1000個同時に作れます。一方のCPUは、一つの料理を作り終えるまで、次の料理が作れません。

同時に大量のデータを扱う並列処理がディープラーニングにばっちりハマりました。

CPUを100個、1000個と用意しなくても、たった一つのGPUで非常に高速に処理できるようになったのです。

むしろ、**GPUがなければ、ディープラーニングが実用化されることもなかったでしょう。**

一方でソフトウェアの努力も負けてはいません。ディープラーニングの実装には、複雑な計算式を用いるため、いちから自分でプログラムを組み上げるのは至難の技です。しかしGoogle社のTensorFlowやPreferred Networks社のChainerなど、開発者が簡単にディープラーニング環境を構築できるライブラリ（あらかじめ用意されたプログラム群）の開発が進められています。さらに、ソフトウェアの改良により、複数のGPUを同時に用いた分散処理技術なども登場しました。このように、ハード、ソフト、両側面からの技術革新によってディープラーニング技術はますます進歩していくでしょう。

どんどん新しい人工知能を生みだすことが可能に

とはいえ、2045年を機に技術革新が人間の手を離れて、社会変革を人工知能に委ねるようになるというカーツワイル博士の説には、「時期尚早」という意味で、懐疑的なところもあります。

ただ、博士が指摘した**「2045年には全人類が束になっても一つのCPUに勝てなくなる」**という説には同感で、それによって今までの社会がガラっと変わることは間違いないと思います。

それに今後、ムーアの法則に従ってコンピューターの性能がさらに進化を続けていけば、それこそ1956年からはじまった第一次人工知能ブーム、80年代の第二次ブームのときに消えてしまった手法が実用化される可能性も多いにあります。逆に特定の人工知能を実現するための専用のプロセッサが生まれる可能性もあります（「AIPU」とでも呼ぶのでしょうか）。

それがどのような特性を持った人工知能で、どのような影響をもたらすのかはまだ分かりません。でも、確実に言えるのは、今ディープラーニングがもたらしているようなインパクトが2045年に向けて、何回も押し寄せ、その度に社会が変わっていくということです。

今までも、農業革命や産業革命といったように**社会変革をもたらす大きな波は度々起きてきました。でも今後は、テクノロジーの発展によってその周期がどんどん短くなるのです。**

そもそも、ディープラーニング自体、まだ産声をあげたばかりです。できないこともまだまだあります。

それなのに、すでに通訳者や路線バスの運転手やコールセンター勤務の方たちは、現実問題として仕事がなくなる脅威を感じています。

ということは、子どもたちが生きる未来では、ディープラーニングに限らず様々な特化型ＡＩが続々と登場することで人間の働き方や生き方や時間の使い方などが順次アップデートされているはずです。

まずは、**今までの固定観念を捨て、「目の前にあるもの」、「していること」のすべてが人工知能によって変わる世界を想像してみてください。**そして、人間にとって何が重要になっているのかを予測することが必要なのです。

HOW TO RAISE A CHILD TO SURVIVE
THE ARTIFICIAL INTELLIGENCE ERA

CHAPTER 5

人工知能によって変わる未来を予測する

子どもが生きる未来を予測し続ける

人工知能の基礎知識について簡単に触れてきました。しかし人間の仕事の大半が人工知能に置き換わる話やシンギュラリティについて、「にわかに信じられない」と思われている方がほとんどだと思います。

そこで腹落ちしない大きな理由は、**現時点では人工知能にできることがまだまだ限られているため、その行き着く先を想像しにくいからだと思います。**

その場合は、あえて人工知能という言葉を一瞬だけ忘れて「ITが進化すればするほど、仕事の自動化（無人化）が進む」という問いにしてみてください。

これを否定できる人はいないと思います。

これまでITの進化で世の中から激減した仕事はたくさんあります。

「汎用AIは生まれないだろう＝人間の仕事は無くならないだろう」という口

ジックはとても不自然なのです。

未来予測①
あらゆるものが人工知能とインターネットで結びつく

そのITの進化の一つのトレンドとして、2016年に人工知能と並んで雑誌の見出しを飾った言葉が「IoT」です。仕事の自動化を考えるときに欠かせない、大切な概念です。まずは概略から簡単に触れておきます。

IoTとはInternet of Thingsの略で、「モノとモノがインターネットでつながる技術」を意味します。「シンギュラリティ」と並んでわかりづらい概念だと思いますが、実はそれほど難しいものではありません。

CHAPTER1の冒頭にあった描写で言えば、人間が目を覚ましそうなことをセンサーが検知して、その情報が人工知能に送られ、人工知能が下した判断が調理ロボットに指令として出されるという仕組みがＩｏＴです。

つまり、センサーという機械、調理ロボットという機械、人工知能が搭載されたコンピューターという機械が、それぞれインターネットでつながりながら特定の仕組みを実現している状態のこと、またはそれを可能にする技術のことです。

もともとインターネット*とは、遠隔にあるコンピューター同士がネットワーク回線を介してつながる技術のことを指してきました。

ＩｏＴはその進化系で、カメラを含む各種センサーや家電、ロボット、車やドローン、場合によってはウェアラブル端末*をつけた人間といったあらゆるものがお互いにつながっていくことを指します。それを可能にしたのはコンピューターの小型化や低価格化、通信技術の進化などです。

そして小型化がさらに進むと、あらゆるものがコンピューター制御されるようになります。それを示すように、最近ではＩｏＥ＝Internet of Everything

インターネット：もともとは軍事目的で研究がはじまったが、その後、大学間をコンピューターでつなぐ学術目的で進化が進んだ。

ウェアラブル端末：身につけて持ち歩くことができるコンピューターのこと。腕時計型、眼鏡型、指輪型、靴型、懐中時計型、ペンダント型、衣服型など様々なタイプのものがある。

という呼び方も出てきました。

現時点でもIoTはかなり進んでいます。

たとえばスマートウォッチ。こちらもスマホと連動しているという意味でIoTでしょう。IT業界の人の多くはAppleウォッチにSuicaを対応させて「腕」でお金を払っていますが、これはIoTがなせる業です。

または、盗難防止用のIoTタグ。これを自分の貴重品に取り付けておけば、仮に紛失しても位置情報をスマホで確認できます。迷子対策にも活用できそうです。

いままで想像もしていなかったものにコンピューターが載り、それらのデバイスの組み合わせで人間の利便性を高めるサービスや機能を実現する。

これがIoTの目指すものであり、自動化技術のカギを握る分野だと言われている所以です。

ちなみにＩｏＴの利活用のシーンを拡大していくために不可欠となる技術が、センサー、プログラム、ロボットです。

センサーは「情報を集める五感」
プログラムは「情報を元に判断を下す脳」
ロボットは「判断に従って動く体」

と考えるとわかりやすいと思います。

人工知能と書かず、あえてプログラムと書いたのは、ＩｏＴによる自動化のシステムには必ずしも人工知能が必要になるわけではないからです。

単純な作業であれば、同じことを繰り返すような命令だけで十分です。逆に、高度な判断が求められる場面になってくると、どうしても人工知能が必要になります。

センサー、プログラム、ロボット。この3領域がお互い刺激し合いながら発展していくことで、随時、自動化が進んでいくのです。

未来予測②
自動化の波は加速度的に進んでいく

２０１６年の12月。ロンドン郊外にてアマゾンがドローンによる無人配達(Prime Air)の実験として、一部の顧客に対してドローン配送を開始したニュースをご覧になった方は多いと思います。これは将来的な物流の無人化に向けた最初の一歩です。

実はその同じ12月に、アマゾンは神奈川県川崎市に物流拠点「アマゾン川崎フルフィルメントセンター」をオープンさせています。

この最新式の倉庫では、**従来の倉庫では見られるはずの倉庫内を歩き回る作業員の姿がありません。**

入った注文に応じて商品をカゴに入れる人間の従業員はいるものの、そのピッキング作業をする人は持ち場を動かないのです。

ではどうやって商品を手にとるのかというと、「商品棚」自体がピッキング作業をしている人の元へ自走します。

川崎の倉庫は、アマゾンのこのシステムが日本で導入されたはじめてのケースです。しかし、**すでにアメリカやヨーロッパのアマゾンの倉庫では順次、自動化が進んでいます。**そしてその都度、大量の社員が解雇されているという事実があります。

自動化の分野で注目された例をもう2つ紹介しましょう。

一つは農業の分野です。

北海道大学の先生が、農耕機にコンピューター端末とGPSを乗せて、タブレットで地図情報を入力すれば指示通りに農耕機が動いてくれるという農業機器の自動化システムを開発しました。

農業の世界では完全自動化栽培*がたびたび話題にあがります。しかしこの北大の研究では既存の農耕機を改造して自動制御しているのがミソです。完全

完全自動化栽培：株式会社スプレッドは、育苗から収穫までの工程を完全自動化することにより人件費を50％削減するレタス工場を建設している。

自動化栽培の場合はゼロから工場を造らないといけないので、基本的に参入するのは大企業や農業ベンチャーに限られます。しかし、既存の農地と農耕機でいいのであれば、一般の農家も抵抗なく導入できるからです。

現時点でこれを農家が導入するためにかかる費用はたったの300万円。人件費に換算すれば1年で元が取れます。

もう一つは建築方面で動き出した自動化技術で、ゼネコンの鹿島が「クワッドアクセル」という次世代建設生産システムを開発し、2015年に福岡県の五ケ山ダム工事において振動ローラーとブルドーザーを自動制御することに成功しています（ブルドーザーの自動掻き出し技術はコマツと共同開発）。こちらも**あらかじめタブレット端末に命令を入力しておくだけで、あとは複数の建設重機が自動で動きます。**

ちなみに鹿島は2016年からJAXAと共同で、月や火星での基地建設を地球から遠隔で行なうためのシステム開発をはじめました。「次の現場は、宇宙です。」という新聞広告をご覧になった方もいらっしゃるでしょう。

この自動化のレベルでは状況を判断して指示を考える現場監督は必要です。しかし、ここからさらに想像を広げると、現場上空を飛ぶドローンが、もしくはそれに準ずるセンサーが作物の成長度合いや工事の進み具合を監視できるようになり、その情報を元に人工知能が複数の重機に自動プログラミングできるようになることで、現場監督すら消えていく未来が見えてきます。

このように、**最初のうちは「小さな機能」の自動化から始まります。そして機能が増えた段階でそれらを束ね、より大きな機能の自動化ができるというボトムアップ形式で進んで行きます。**つまり、世の中を流れる自動化のニュースは、それが一見地味なものであっても、大局的に見ればとても大きなミッシングピースであったりするのです。

未来予測③
「命令された業務」は人間の仕事ではなくなる

では、どのような仕事がどんな順番でなくなるのでしょうか？

2015年に野村総研がオックスフォード大学のマイケル・A・オズボーン准教授とカール・ベネディクト・フレイ博士両氏と行なった共同研究の結果を紹介します。日本に存在する601の仕事のうち、10〜20年後になくなる可能性の高い職種の上位100種を示したのが176ページのリストです（順不同）。

このリストを見ると、ブルーカラー系の職種や事務処理系の職種が多いことに気づきます。より厳密に言えば、**「業務フローが確立されていて、指示をこなすことがメインの仕事」です。**

先ほどのアマゾンの倉庫作業員や重機のオペレーターのように決まった手順

将来なくなる可能性が高い職業

人工知能やロボット等による代替可能性が高い100種の職業
(50音順、並びは代替可能性確率とは無関係)

・IC生産オペレーター
・一般事務員
・鋳物工
・医療事務員
・受付係
・AV・通信機器組立・
・修理工
・駅務員
・NC研削盤工
・NC旋盤工
・会計監査係員
・加工紙製造工
・貸付係事務員
・学校事務員
・カメラ組立工
・機械木工
・寄宿舎・寮・マンション管理人
・CADオペレーター
・給食調理人
・教育・研修事務員
・行政事務員(国)
・行政事務員(県市町村)
・銀行窓口係
・金属加工・金属製品検査工
・金属研磨工
・金属材料製造検査工
・金属熱処理工
・金属プレス工
・クリーニング取次店員
・計器組立工
・警備員
・経理事務員
・検収・検品係員
・検針員
・建設作業員
・ゴム製品成形工
(タイヤ成形を除く)
・こん包工
・サッシ工
・産業廃棄物
収集運搬作業員
・紙器製造工
・自動車組立工
・自動車塗装工
・出荷・発送係員
・じんかい収集作業員
・人事係事務員
・新聞配達員
・診療情報管理士
・水産ねり製品製造工
・スーパー店員
・生産現場事務員
・製パン工
・製粉工
・製本作業員
・清涼飲料ルートセールス員
・石油精製オペレーター
・セメント生産オペレーター
・繊維製品検査工
・倉庫作業員
・惣菜製造工
・測量士
・宝くじ販売人
・タクシー運転者
・宅配便配達員
・鍛造工
・駐車場管理人
・通関士
・通信販売受付事務員
・積卸作業員
・データ入力係
・電気通信技術者
・電算写植オペレーター
・電子計算機保守員
(IT保守員)
・電子部品製造工
・電車運転士
・道路パトロール隊員
・日用品修理ショップ店員
・バイク便配達員
・発電員
・非破壊検査員
・ビル施設管理技術者
・ビル清掃員
・物品購買事務員
・プラスチック製品成形工
・プロセス製版オペレーター
・ボイラーオペレーター
・貿易事務員
・包装作業員
・保管・管理係員
・保険事務員
・ホテル客室係
・マシニングセンター・
オペレーター
・ミシン縫製工
・めっき工
・めん類製造工
・郵便外務員
・郵便事務員
・有料道路料金収受員
・レジ係
・列車清掃員
・レンタカー営業所員
・路線バス運転者

https://mag.sendenkaigi.com/senden/201610/marketing-meta/008867.php

で決められたとおりに行なうことだけが求められる仕事を自動化するのは比較的簡単です（もちろん、センサー技術やロボット技術のハードルもありますが）。

ただ、世の中にある仕事はそこまで単純なものとは限りません。

私は人の業務は大きくわけて2つしかないと考えています。

①人から命令された業務

「部品Aが流れてきたら、部品Bに取り付けて、次の工程に送る」

「申し込み用紙に漏れなく記入してもらったら、審査部に提出する」

「注文が入ったら牛丼を作る」

「授業で一方的に音読し、問題を解かせる」

②自分で考えた業務

「前回よりも面白いプレゼン資料を作る」

「マクロ経済の動向から投資先の国を決める」
「相手の反応に合わせて喋り方を変える」
「生徒の理解度に応じて、出す問題を変える」

もしその職種が「人から命令された業務」だけで構成されているものであれば、自動化は確実に起きます。工場系の職種であれば主にロボット技術次第ですが、オンライン上の事務処理などであればコンピューターだけで完結するので、ハードルはかなり低いと言えます（人工知能を必要としないケースも）。

それに**「人から命令された業務」は、それを自動化したときの成果とコストが計算しやすいため、企業としても導入検討が容易です。**

では「自分で考えた業務」が中心の仕事は安泰なのかといったら、そうではありません。

いま、手始めに起きていることは、コンピューター上で完結する「自分で考えた業務」の自動化（人工知能化）です。実際に人工知能が人事評価を行ない、次に昇進する人を提案する技術が開発されています。

これらは複雑なロボット技術を必要としないため、技術コストが低く、ベンチャー企業でも参入しやすいというメリットがあります。

とはいえ、警察官や消防士のように「自分で考えた業務」をいくつも持ち、なおかつそれを自動化しようとした時にセンサーやロボット技術でつまずく可能性が高い職種は、自動化されるタイミングは遅れるかもしれません。

ただし、**センサーにしてもロボットにしても私たちの想像をはるかに超える速度で進化している**ので、2045年にもなれば多くのことは自動化できているはずです。

未来予測④
ほぼすべての仕事で求められるスキルが変わる

先ほどの野村総研の調査結果では、10～20年の間に、いまある職種の半数近くがなくなると報告されています。また、米国の47％の仕事は10～20年程度で自動化されるというオックスフォード大学の予測もあります。

実際にその職業がなくなるかは別として、私は**2045年にはいまある仕事のほとんどで求められる仕事の内容・スキルが変わると思っています**。あるいは呼び名も変わるかもしれません。

先ほどいったように私たちの仕事の多くは、「人から命令された業務」と「自分で考えた業務」を混在した形になっています。

前者についてはほぼ確実に自動化されていき、後者についても人工知能、もしくはロボットやセンサーの技術革新次第で順次、自動化されていきます。

その過程で完全になくなる職種も当然出てきますが、**ほとんどの職業は業務の大半が自動化されてしまった結果、職業の呼び方や目的や求められるスキルがどんどん変わっていくのです。**

たとえば、介護士を考えてみましょう。

現在、日本のサイバーダイン社*が開発した世界初のサイボーグ型ロボットの羽田空港と成田空港で実証実験が始まっています。重たい荷物を持つ時の足腰の負担を軽減させるためのロボットで、人間の腰につけて使います。筋肉を動かそうとするときに流れる脳からの電流を検知して、体を動かす時の筋肉のアシストをロボットがしてくれます。

このような技術がすでにあるなら、２０４５年にもなれば自律式の介護ロボットが肉体労働を行なっているはずです。

でも、介護福祉士の役割は人を励ましたり、悩みを聞いてあげたりすること

サイバーダイン社：２００４年に筑波大学教授の山海嘉之によって設立。装着することによって身体機能を拡張・増幅・補助することができる世界初のサイボーグ型ロボット「ＨＡＬ」をレンタル方式およびリース方式でのみ提供していた。

でもあるので、人間の介護士の需要がなくなるとは思えません。

ただ、実際の肉体作業はやらないという点で、介護士という名称は消え、もしかしたら「介心士*」といった仕事に変わっているかもしれません。

そのとき必要なスキルは、人の話を聴くことができる能力や、励ます力となるので、資格試験の中身も変わるはずです。

未来予測⑤
失業者が増え、ベーシックインカムが導入される

歴史をふりかえると、今まで人間は多くの仕事を失ってきました。しかし、その都度、社会に適応してどこかで新たな居場所を見つけてきました。

しかし、それは時代の変化が緩やかだったからできたことです。**これだけ技術革新の周期が早くなってくると一旦社会からドロップアウトしたら、再起はかなりのハードルになります。**

介心士：造語です。「介」という字には、「間でとりもつ」や「たすける」という意味がありまます。人工知能時代で重要になるのは、人と人の「心」をどう通わせるかということです。心が弱った方に寄りそうスペシャリストとして「介心士」が登場するかもしれません。

よって、失業者は必ず出るはずです。それに対して今後注目されるのが、ベーシックインカム制度だと思っています。

ベーシックインカムは医療扶助や子育て給付金、失業保険など細かく分断されていた社会保障制度をやめて、一律給付にしてしまおうという制度です。

この制度について、古くは18世紀末のイギリスの哲学者、トーマス・ペインが「21歳以上の成人には生きていく元として15ポンドを国が支払い、50歳以上の人に対しては年金として10ポンド給付する」という案を発表しています。

ベーシックインカム制度が先進国のトレンドになっていることは事実です。

2016年には世界に先駆けてスイスでベーシックインカム制度の導入の是非を問う国民投票が行なわれました。このとき提案されたのは成人に対して月額2500スイスフラン、未成年者には625スイスフランを給付するというもの。日本円に換算すると29万円と7万円です。こちらは結局、否決されましたが、その後、フィンランドが2017年から2000人の失業者を対象に、世界で初めてベーシックインカムを支払うことを決定しました。

また、現在では欧州議会が加盟国に対して、ベーシックインカム導入の可能性を検討しなさいという通告を出しているほど注目が集まっているのです。

ベーシックインカム制度は、政府からすれば複雑化した社会保障制度の事務手続きを一気に簡略化でき、公務員の数を減らせるというメリットがあります。

私はそれだけでなく、大失業者時代に国民たちの生活をどう守るのかと考えたときの解決手段としてこれほど相性がいいものはないと思うのです。

とはいえ、財源確保の課題もあり、未来永劫続くシステムではないでしょう。

そして当然、デメリットもあります。それが**「国民の就労意欲を削ぐのではないか」という議論です**。ベーシックインカム制度の話になると、避けては通れない課題です。

しかし、技術の進歩の結果、世の中から仕事がなくなっていくことは実は自然なことです。むしろ、歓迎すべきことです。

問題なのはその技術に制度が追いつけるかどうかです。

未来予測⑥
自動化によってモノの価格が極端に下がる

世の中で自動化が普及していくと、行き着くところは究極のデフレなのではないかと予測しています。

単純に考えれば、**一つのプロダクトの生産、および流通の過程で、人間がほとんど関与しなくなれば、当然コストが下がり低価格化が起きます。**

たとえば、スーパーで1000円で売られているイサキ*1匹を考えても、漁師さんが水揚げする時の価格は100円くらいでしょう。ということは、ドローンによる産地直売のような仕組みが実現するとして、単純化すれば私たちも100円で買えるようになります。

さらに、そのイサキ漁が無人漁船によって完全に自動化されるとしたら、基

イサキ：スズキ目イサキ科に属する海水魚。釣りや定置網、刺し網などで漁獲される。旬は初夏。刺身・焼き魚・煮魚・唐揚げなどいろいろな料理で食べられる。

本的に漁船のオーナー以外の人間の漁師はいらなくなるので、100円が20円になっても漁船のオーナーは十分生活できると思うのです。

これは家の建築でも同じことが言えるはずです。

たとえば材木を自動伐採して、壁紙や床材が自動加工されて、さらに図面も人工知能が描いて工事まで大型ロボットが自動で行なった家に対して、「はい5000万円です」という妥当性があるでしょうか。

実際に、2017年にはロシアのモスクワで、3Dプリンターによって一戸建ての家が建てられました。建築にかかった時間はたったの24時間。そして、コストはわずか115万円ほどでした。このように建築の自動化によるコスト削減と、それにともなう低価格化は進むでしょう。

また、**カーシェアリングなどに代表されるシェアリングエコノミー***も、**人工知能の最適化によってさらに進化を遂げるはずです。**すると、もはや高価なものを買うモチベーションもかなり薄れてくるでしょう。

シェアリングエコノミー：モノやサービスなどの資源を共同で利用し、共有の社会関係によって成り立つ経済。交通機関におけるカーシェアリング、労働環境におけるコワーキング、金融におけるクラウドファンディングなどの商業サービスもその一部。

もし仮にベーシックインカムが実行されなかったとしても、この究極のデフレによる衣食住の生活コストの低減が起きれば、やはり、あくせく働く必要がなくなる可能性があります。

未来予測⑦
医療技術の進歩により、平均寿命は100歳を超える

2045年を考えるうえでもうひとつ忘れてはいけないのが人間の寿命です。

いま日本人の平均寿命は男性が81歳、女性が87歳です。では、1900年の日本人の平均寿命が何歳だったかご存じでしょうか。

なんと44歳です。

もっと遡れば、戦国時代（室町時代）の男性の平均寿命は15歳前後という説があります。この数値は乳幼児の死亡率が高かったことも影響していますが、

5歳児まで生き延びた男性の平均寿命をみても約23歳。これは日本だけではなく、世界を見てもだいたい同じような値です。

戦争や犯罪といった社会的な要因を排除すれば、**人間の寿命は技術革新とともに延長されています**。そう考えると、シンギュラリティによって医療分野も一気に進化を遂げ、寿命が延びることは想像にかたくありません。

では今の子どもたちは何歳まで生きるのか。

2016年度の高齢社会白書を見ると、2050年で予想される平均寿命は男性が83歳、女性が90歳となっています。なんとも保守的な数字です。

たとえば、2016年に大ヒットした本『LIFE SHIFT』*では「2007年に生まれた子どもたちの半数が107歳より長く生きる」と指摘しています。

私の感覚では、これよりさらに将来寿命が延びると思えるのです。

人工知能はすでに医療の現場に入り成果を出し始めています。

2016年の夏には、東京大学医科学研究所がIBMワトソンに2000万

LIFE SHIFT：平均寿命が100歳になる未来にむけ、いかに生きるべきかを示した。著者はリンダ・グラットンとアンドリュー・スコット。日本では東洋経済新報社より2016年10月に発売。

件の医学論文を学習させた結果、「急性骨髄性白血病」と診断されていた60代の女性患者が実は「二次性白血病」という別の病気であることを、患者の遺伝子データを入力してからわずか10分で判断しました。これは、日本国内で人工知能がはじめて人命を救った事例として話題になりました。

こうしたケースは今後、当たり前になります。

とくに遺伝子工学の分野において今後、人工知能がどこまでの成果を見せるか個人的にはとても期待を寄せています。**病気や老いのメカニズムが解明されれば、人間のあらゆる病気、もしくは老化現象そのものに対処できるようになる可能性も否定できません。**

2013年に、GoogleがCalico＊という会社を立ち上げていることをご存じでしょうか。人間の老化と闘うことをミッションに掲げている会社で、この会社の役員の専門も遺伝子工学です。

考えてみれば人間の「設計図」と言われる遺伝子（ヒトゲノム）の解析が完

Calico：2013年9月18日にGoogleによって設立された、バイオテクノロジー企業。MIT（マサチューセッツ工科大学）とハーバード大学は、加齢に関連した疾患や治療法の研究を進めるためにCalicoとの提携している。

了したのは2003年の話。当時は人一人のヒトゲノムを解析するのに約100億円かかっていました。

それが最近では、家の郵便受けに、ピザ屋のチラシと一緒に「遺伝子解析」のチラシがポスティングされる時代になったのです。

日本初の個人向け遺伝子解析サービスを提供するジーンクエスト*では「健康リスク」と「体質」の解析に加えて、自分の先祖が地球のどこから来たのかまでわかる「祖先解析」というサービスまですべて含めたセットの価格が5万円を切っています。

さらに最近ではドラッグストアチェーンのサンドラッグが2万円台で遺伝子解析サービスを始めました。

この解析を受けることで自分がどんな病気にかかりやすいのか、もしくは自分にあったダイエット方法は何かといったことが、医師や自分の推測ではなく、データとしてわかります。

その情報をかかりつけの医師と共有しておけば、あなたの体質にあった最適な治療や予防をしてくれる可能性があるということです。

ジーンクエスト：2013年6月、東京大学大学院で遺伝子解析の研究をしていた高橋祥子により創設。安価な遺伝子解析キットを販売。遺伝子情報により、太りやすさなどの体質や、ガン・糖尿病などの病気発症リスクが明らかになり、予防が可能になる。

これらはまさにコンピューターの性能が進化し、膨大なデータを楽々扱えるようになったおかげです。

ジーンクエストの解析作業には人工知能は使われていないようです。しかし、**今後、バイオの世界にもデータサイエンティストが増え、人工知能が導入されてくれれば、遺伝子解析の精度もさらに高まるでしょう。**

現時点でこれだけの速度で医療が変わろうとしているのですから、28年後になにが起きても私は驚きません。

未来予測⑧
誰にも迷惑をかけずにVRの世界に引きこもれる

最低限の生活が保障され、やるべきことがなくなり、しかも、寿命が延びる。

そうなってくると非常に可能性が高いのが、CHAPTER1の冒頭で書いたVR引きこもりの増加です。

人間は基本的に暇な時間に耐えられません。そのため、暇なときは時間を潰す方法を考えるのが当たり前です。しかし**インターネットがあれば時間を潰すことにまったく苦労しません。**

インターネットのように暇にならないために刺激を与え続けてくれるものは、いままでは限定的でした。

楽器を演奏することや、本を読むことや、絵を描くことや、スポーツに興じるといったことは、毎回新しい刺激をもらえるという意味で定番の趣味です。しかし、コストや体力や技術といった面でのハードルがあります。

その点、インターネットにはなんのハードルもありません。

しかも、インターネットの世界では、人間が備える欲がかなりのレベルで満たされるようになっています。

たとえばオンラインゲーム。

オンラインゲームとは世界中のプレイヤーがインターネットでつながり、ゲームの世界で自分のキャラクターや仲間たちと作る勢力を強く、盤石にしていくことを目指すものがほとんどです。

有名なマズローの欲求ピラミッド*でいえば、まず仲間と集まることで社会的欲求が満たされます。次に、自分のプレイで結果を出すことにより、他のプレイヤーに認められ、尊厳欲求が満たされます。さらに、レベルが上がり、自由なプレイができるようになることで、自己実現欲求も満たされます。ゲームのなかで欲求が満たされていくのです。

異性との交際や高級車などに興味がない若者が増えているのも、社会構造が変わったといった話ではなく、インターネットである程度心が満たされるからだと思うのです。

「そうはいっても現実じゃなくてゲームでしょ」と片付けるのは簡単です。

でも現実に、中国では30歳の男性がインターネットカフェで3日間、ほぼ飲まず食わずでオンラインゲームをやり突然死する事故が起きていますし、韓国

マズローの欲求ピラミッド：人間の欲求は5段階のピラミッドのように構成されており、低階層の欲求が満たされると、より高次の階層の欲求が生じるというもの。低次のものから「生理的欲求」→「安全欲求」→「社会的欲求（帰属欲求）」→「尊厳欲求（承認欲求）」→「自己実現欲求」。

でも似たような事故が報告されています。

パソコンのゲームで体感する「世界」は、あくまでも画面の向こう側に映し出されるものです。それにもかかわらず人間を廃人にしてしまう危険性を秘めています。

それが二次元の画面ではなく、よりリアルに近い仮想現実で再現されるようになったらどうなるでしょう。

ＶＲで体感する世界は「画面の向こう側」ではありません。「自分が世界の中にいる」という錯覚を起こします。もし機会があれば、ＶＲでホラーゲームなどをしてみてください。その恐怖は映画館のスクリーンやパソコン画面から得られるものとは比べものにならないほど大きいものです。

ＶＲの普及によってインターネットやゲームの中毒性がさらに増すことは確実です。いまは主に視覚と聴覚による没入感だけですが、おそらく２０４５年にもなれば、脳に直接刺激を送れるようになっています。

すでに世界的な起業家イーロン・マスクが脳と人工知能を直接つなぐ「neural lace」というインターフェースを提唱し、開発を進めています。

さらに**VRで映し出される世界は、コンピューターの進化と人工知能の活用によって、よりリアルで、より自分好みに最適化された世界になっていくことでしょう。**

そこに衣食住が保障される時代がくれば、現実逃避をすることによる不都合がなくなり、心理的なハードルが極端に下がります。

未来予測⑨
「人間を幸福にすること」がビジネスの中心になる

最低限の生活が保障され、モノを所有することに対する価値が下がる時代においては、「人間はどうしたら幸福な人生を送ることができるのか」ということを今よりはるかに多くの人が考えるようになります。

よって、それを代わりに教えてくれる存在がいれば、かならずや需要があるでしょう。それを示すように先ほど紹介したＧｏｏｇｌｅの新会社 Calico は、老化の研究と合わせて「人間の幸福（Wellbeing）」も研究しています。

私も**２０４５年、産業のど真ん中には「幸福ビジネス」が来ると予想しています。**迷える人に道を指し示す存在とは、今の時代であれば宗教や占いかもしれません。

でも、人によって幸せの形は本来異なるはずであり、人それぞれに最適化された形の「幸せな道」というものはあるはずです。つまり、２０４５年に幸福の伝道師となるのは人工知能ということです。

自分が生まれたときからの行動や心理状態などがビッグデータ*として残るようになれば、「あなたのようなタイプの人は、統計上、こうしたことに没頭すれば幸せな人生を送れる可能性が高いです」といったアドバイスをすること

ビッグデータ：従来の管理ツールやアプリケーションでは処理することが困難なほど巨大で複雑なデータの集合。

が可能になります。

宗教にしても占いにしても、結局は信じるか信じないかの世界です。そう考えると**人工知能のアドバイスが「信じるに足るレベル」に到達すれば、人工知能は占いや宗教の機能の大部分を代理できるはずです。**

私は宗教や占いを否定するつもりはまったくありません。人生に迷っていなくても信仰心が篤い人は大勢いますし、信じることで幸福を得る人もいます。それは人工知能による判断を信じることとはニュアンスが異なります。「人工知能による幸福ビジネス」と宗教は共存が可能だとも考えています。

未来予測⑩
「世のため人のため」の新しい仕事が生まれる

「どのような職種であれば28年後も残っていますか?」と保護者の方から聞か

れることもあります。

あくまで大切なのは自分で仕事をつくり出すことです。そのため、「これらの職種なら安泰だ」と思うことには注意しなければなりません。そうはいっても、大まかな仕事の内容ベースで考えると、次のようなものが「残る仕事」として思い浮かびます。

- **自動化のしようがない仕事**

  スポーツ選手など

- **自動化の仕組みを作る側**

  技術者、研究者、商品・サービス開発者など

- **その人が生み出すことに価値がある仕事**

  アーティスト、陶芸家など

- **人間同士ではないと成り立たない仕事**

  医師、看護師、介護士、コーチなど

ただ、これらの業種だけでなく、今後も残っていく仕事にはシンプルな共通点があります。

それは「世のため人のため」と言う発想に基づいた仕事かどうかです。

企業のCSV*がまさにそうです。そもそも働く行為は、社会に働きかけたり、困っている人を助けてあげたりすることでその対価をもらうものだと思っています。

それがいつしか「働くこととは会社に所属すること」という意味になってしまいましたが、最低限の生活が保障され、原始的な欲求が満たされる社会になって、それが元の姿に戻るのが2045年なのではないかと思います。

世のため人のためという発想を持っていると、必然的に何事に対しても能動的になり、当事者意識も湧きやすくなり、失敗も恐れにくくなります（その素地となるのが「極める力」です）。その結果として

「よりいい社会にしたい！」

CSV：Createing Shared Value の略。企業による経済利益活動と社会的価値の創出（＝社会課題の解決）を両立させることと、そのフレームワーク。アメリカの経済学者マイケル・ポーターが2010年に発表。

「人を喜ばせたい！」
「よりいい商品を作りたい！」
「みんなが困っている課題を解決したい！」
といった願望が湧いてきます。

その願望をベースに具体的な行動を起こした時点で、それは新しい仕事を生み出した瞬間です。

「子どもが大人になった時にどんな仕事が残っているのか？」ということは、実はあまり重要なことではなくて、むしろ「子どもが大人になった時に絶えず新しい仕事を生み出せるのか？」と考えるほうが、はるかに重要なのです。

このCHAPTER5で考えてきたように、子どものためにも未来について予測を続けていってください。

HOW TO RAISE A CHILD TO SURVIVE
THE ARTIFICIAL INTELLIGENCE ERA

CHAPTER 6

AI先生によって子どもの教育が大きく変わる

人工知能時代の教育はどうなるのか

人工知能の歴史と、これから起きる社会・仕事の変化について紹介してきました。CHAPTER6では、**子どもたちに直接影響を与えるこれからの教育について**、私の経験と今行なっている未来型学習塾のあり方に触れながら紹介します。

まずは、私自身が今まで何をしてきたのか、どのように子どもたちの未来を考えるようになったのか、なぜAI先生を開発したのかについて説明します。

子どもたちは、未来よりも「今」に手一杯になっている

私がシリコンバレーでシンギュラリティを知ったのは２０１１年のことです。そこから毎日、未来のことを考えるようになりました。そして、２０４５年には大きく変化した社会を生きなければならない今の子どもたちに対し、何かをしなければならないという、強い感情を持ちました。まず、警鐘を鳴らさないことには始まらないと思って半ば勢いで開業した学習塾では、機会があるたびに「お子さんを大工や消防士などに憧れさせるのはやめてください。その道でスキルを磨いたところでお子さんが30代、40代になったころには人間がやる職業ではなくなっています」といったことを伝え続けました。

しかし、反応はよくありませんでした。

考えてみれば当然で、当時は人工知能やＩｏＴといった言葉が世間では全く

知られていない時代です。そんなときに10年、20年先の話を語っても、子どもを預ける親のみなさんからすれば**「子どもにとって大事なのは今です。受験に落ちたら責任を取れるんですか？」と反論したくなるのも仕方ありません。**

このときは正直、歯がゆい思いをしました。しかし親のみなさんや子どもたちに警鐘を鳴らす過程で、ひとつ痛感したことがあります。

それは、子どもたちも、その親も「今」のことで手いっぱいになっていて、20年、30年先の「未来」のことを考える時間と心の余裕がないことです。

子どもたちは早朝から部活があり、学校で授業を受け、また部活に励んでから塾や習い事に行っています。社会人なみの忙しさで日々を送っているのです。そして、親も仕事や家事、子育てで毎日大変です。

そこで私は考え方を改めることにしました。

**「未来を変えるためには、まず、今の課題を解決しよう」と。

そして行き着いた答えが、人工知能型教材の開発でした。**

未来に備える時間をつくるため、学習を圧倒的に効率化する

子どもたちにとって「今」の課題は、成績を上げることです。

受験のため、補講を抜け出すため、親に怒られないため、ゲームをしても文句を言われないため、友達に馬鹿にされないためなど、動機は色々あります。

しかし共通していえるのは今よりも短い時間で成績を上げることができれば、必然的に心と時間に余裕が生まれるということです。

そう考えたとき従来の座学スタイルの授業が非効率なのではないかと気づきました。

なぜならば、頭のいい子は授業の内容をすでに理解しているのに、だまって席に座っていないといけません。逆に、先生の話についていけなくなった生徒も、同じくだまって席に座っていないといけないからです。

では理想の授業とはどういったものでしょうか。

それは**一人ひとりの子どもの能力や理解度に応じて学習内容が最適な形で提供される授業だと私は考えました。**

つまり、理解している授業はすぐに終わり、どんどん次のステップに進むことができる一方で、つまずいた授業では前の段階にもどり、課題を確実に理解してから次に進むことができるという学習形態です。

そしてその環境を、同時に複数の生徒に提供することが必要です。

でも、現実的には、そういった最適化教育を人間の手で行なうには先生の人手が足りません。

そこで思いついたのが、当時、海の向こう側で脚光を浴び始めていたディー

プラーニング技術でした。

学習の無駄を徹底的に省く、「ナノ・ステップ・ラーニング」

さっそく私は「効率的な授業とは何か」について自分なりに仮説を立て、八王子の塾で実践していきました。とはいえ、いきなり人工知能の開発に着手したわけではありません。

まずはアナログベースで、私なりに考えた手法で効果が出るのか試していきました。

実際に行なったのは、数学の概念をできる限り分解することでした。

たとえば、「小数の足し算」であれば、「整数＋小数」「小数＋小数」に分けるといった具合です。

効率を高めれば学習速度が7倍に

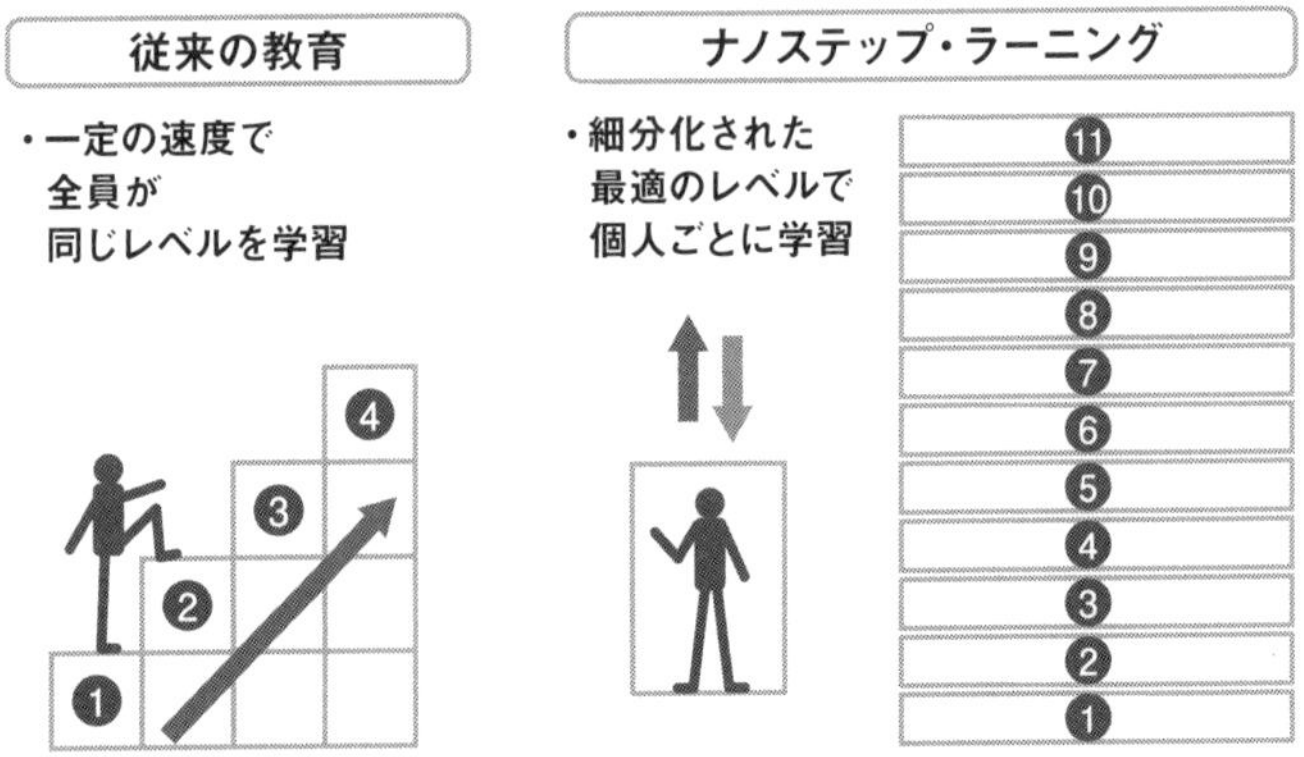

そしてそれぞれの概念の解説を書いたプリントと、該当する問題を書いた複数のプリントを作り、**生徒の理解度を見定めながら次に渡すプリントを一人ひとり変えていきました。**

このように学習内容の要素が分解された状態で学ぶ「ナノ・ステップ・ラーニング」*を開発したのです。

小さなブロックを用意することで一人ひとりのレベルに応じて学習を進めてもらいます。そして、ある箇所でつまずいたら大きく戻るのではなく、その子が理解できているブロックまで戻ってもらう。場合によってはブロック

ナノ・ステップ・ラーニング：学習到達段階を細分化し、課題を作成することで、個々人のレベルに最適化した学習を行なう。理解度によってレベル1から10に途中のステップを飛ばすことが可能。また、逆に学習段階に到達するまで課題のレベルを下げることも可能。

をさらに小さくして上り直してもらいます。

こうやって、**学習のプロセスにおいてできるだけ「ムダ」を作らず、なおかつ、ブロックを小さくすることで挫折を未然に防ぐこと。**これがナノ・ステップ・ラーニングのメリットです。

ナノ・ステップ・ラーニングは、いくら個人指導であっても、製本された教科書や参考書ではできません。

製本されたものだと基本的に1章、2章と章単位で内容が変わるようになっているので、ひとつの階段が大きすぎて、つまずいたときに必要以上に元へ戻らないといけません。

それは生徒にとって大きなストレスになります。

それに教科書や参考書では、ひとつの章に用意されている問題数がどんな生徒に対しても同じです。つまり、得意な子も不得意な子も同じ問題数を解かないといけません。

それに対し**ナノ・ステップ・ラーニングなら、例題を出してみてラクラク解けるようならさっさと次の課題に取り組むことができます**。逆に正解はするけどかなり時間がかかった、もしくはまだ不安を持っていると感じたら、似たような問題をもう少しだけ解かせてみる、といった微調整が可能になります。

この手法はすぐに成果が出ました。

これでいよいよディープラーニングによる最適化学習の準備が整ったのです。

世界初のＡＩ先生、人工知能型教材「Qubena」を開発

成果が確認できた２０１４年の夏、いよいよ人工知能型教材の開発に着手しました。

コンセプトは変わりません。**ナノ・ステップ・ラーニングを用いて、子ども**

の理解度を人工知能に判断させ、最適な問題を自動的に出してもらうシステムの開発です。

ディープラーニングは機械学習の技術ですからパターン認識が得意で、その学習データに基づいた判断や未来予測が可能です。

よって、子どもたちが問題を解く時のプロセスを人工知能が逐一収集していけば、生徒の得手不得手が見えてきます。

たとえば「この子は2桁で割る割り算が苦手だな」と人工知能が認識したら、該当する問題を多めに出す。あるいは、「折れ線グラフの問題はサクサク解いているな」と認識したら、次の課題に移ってしまう。このような判断を人工知能が勝手にしてくれるシステムを目指しました。

実際の開発は、当社の副社長でもある学友との二人三脚で行ないました。プロトタイプの完成までに1年をかけ、投資家の方にプレゼンをしてシードラウンド*の出資を受けることに成功。そのお金を使ってエンジニアを雇ってさらに1年半、本格的な製品化に向けて開発を加速させ、**２０１６年に世界初の人**

シードラウンド：創業前後の段階で、主に初期のプロダクトの開発開始からリリース後の初期ユーザー獲得にとりかかる時期に行なわれる資金調達。投資を受けることがほとんど。

工知能型教材「Qubena」をリリースすることができました。

その間、「Qubena」を活用した未来型学習塾「Qubena Academy」の開校準備も進め、2016年に東京の三軒茶屋に開校しました。

200時間かかっていた中学1年生の数学が、32時間で終わる

Qubena Academyでは、コーチ役の講師が生徒のフォローにあたりつつも、授業はすべてタブレットにインストールされた「AI先生」ことQubenaによって行なわれていきます。

圧倒的な学習効率とはどれくらいなのかというと、**中学1学年分の数学を終えるまでにかかる時間が平均32時間になったとデータで出ています。**平均なので、もっと早い子もいます（いまのところ最短で12時間）。

1回の授業が50分で、毎回出る宿題を解くのに約30分。当塾は週2回授業が

中学1年生の数学の学習時間

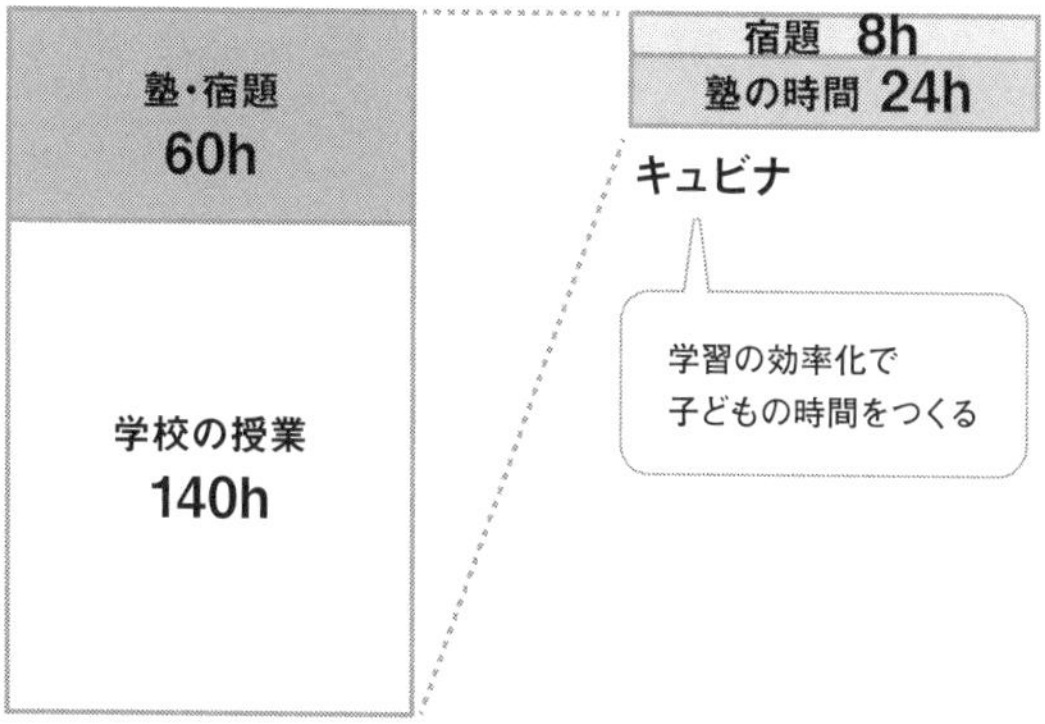

あるので、期間は3カ月（24回）ということになります。

ちなみに終わるというのは数学検定に合格するレベルを指します（都立高校入試であれば8割は取れるレベルに該当）。

一方で、学習指導要領では中学1年生の数学の授業時間は140時間と定められています。さらに宿題や塾に通うことも考えると、およそ1年間で200時間以上を数学の学習に使っていることになります。

32時間と200時間。その差、168時間。わずか1教科でこれだけの時間の自由を子どもが手にする可能性が

あるのです。

もちろん、データのサンプルが増えれば増えるほど精度が高まるのがディープラーニングですので、あと2割くらいは圧縮できるのではないかと考えています。

すでに目に見えた効果も出ています。

当塾には小学校高学年のときから不登校になり、中1になったいまも学校に通っていない生徒がいます。Qubenaで勉強を始める前は、授業に出ていないので勉強は小学校で止まったまま。定期テストだけ保健室で受験していたのですが、毎度0点だったそうです。しかし、その子が先日、学校に行って定期試験だけを受けたところ、平均点を超えました。

さらにその子はいま、ひとつ上の学年の数学を勉強しています。ブランクを埋めるどころか追い抜いてしまったのです。

これが最適化教育の威力です。

ちなみにその子は根が利発な子で、単に学習する機会をいっとき失っていただけです。それが**定期試験の結果が出て以来、自信につながって、いまでは当塾のワークショップなどにも参加するようになり、自分のやりたいことに挑戦できるようになっています。**

AI先生の授業で子どもたちはどのように学習するのか

実際の授業の様子もご紹介します。

授業はQubenaがインストールされたタブレット上で進んでいきます。宿題もそのタブレットでこなしてもらうので、入塾時にタブレットごと貸与する形をとっています。

文字入力については筆感の優しいタブレット用のペンを使ってもらいます。

人工知能型教材 Qubena

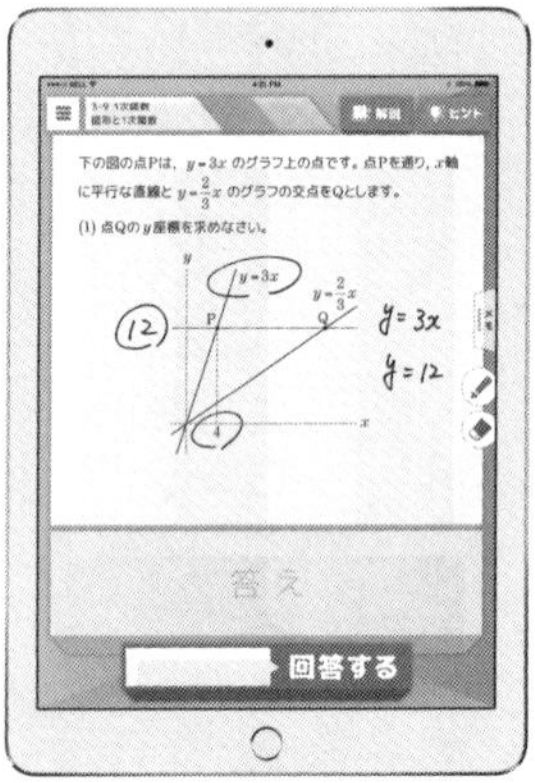

精度の高い文字認識システムによってデジタル変換される回答欄・問題画面などは、基本的に自由に文字が書けます。つまり、掛け算の桁送りをするときにメモする数字などは実際のプリントのときと同じ感覚で書き込めるのです。

また、計算欄以外にも、ノート代わりのページも用意してあります。

そして、あらかじめ決められたステップで勉強をすすめていきます。

私も仕事の合間に子どもたちの様子をよく見に行きますが、**みんな驚くほ**

どの集中力で問題に取り組んでいます。問題がポンポンと出てくるので、「フロー状態*」に入りやすいのです。

Qubenaを触っていただいた保護者の方に一番多い反応は「一問、一問ごとにたびに正解か不正解かわかるので、ゲームみたいで楽しいですね」というものです。

これはタブレットとナノ・ステップ・ラーニングの組み合わせだからできることです。問題を解き終わったら正解か不正解かを軽快な音とグラフィックで表示させ、そうかといってそこで余韻に浸らないようにすぐさま次の問題が出るように絶妙な調整をしています。

また、**基本的に子どもたちの集中が切れるのは問題を間違えたときや、壁にぶつかったときです。**その点、Qubenaの場合は問題を間違えたら過去に戻って問題が出されます。また解説やヒントもあるのでたいてい解くことが可能です。それも集中力が途切れない理由のひとつとなっています。

フロー状態：そのときしていることに、完全に没入し、集中している状態。「気がついたらこんなに時間が経っていた」という感覚に陥りやすい

AI先生は従来のタブレット教材と何が違うのか

「ほかのタブレット教材と何が違うのですか？」という質問もよく受けます。

従来のタブレット教材との違いは、子どものつまずきポイントを見抜けることです。

従来のタブレット教材のなかには「子どもの特性を見抜いて最適な問題を出します」と謳っているものもありますが、そうした教材は基本的に解答しか見ていません。

つまり、ある章の練習問題の正解率が何割に満たなかったら、追加で問題を出すようにプログラミングされているだけです。もちろん、それでも効果があることは否定しませんが、最適化というにはより細やかな問題の提案が必要だと考えています。

Qubenaが集積していくデータは解答だけではありません。

計算欄に書き込む手書きのメモ（つまり計算過程）も解析していますし、解答に要した時間も計測していますし、ヒントを読んだかどうかもみています。

そうやって**解答以外のデータもみているので、「この問題はたまたま正解しただけで、まだ怪しい」と人工知能が判断すればそれを検証するために類似の問題を出すといった判断を下します。**

逆に解答が不正解のときは、「この章のテーマが苦手なんだな」と単純に片付けるのではなく、計算過程のどこで間違えたのかまで分析するので、場合によってはいま取り組んでいるテーマとはまったく異なる問題（たとえば、カッコを用いた掛け算の仕方）といったその子なりのつまずきポイントをピンポイントで見抜き、対策を出してくれます。

このような最適化は人工知能しかできません。

それに、Qubenaはすでに人間の先生の手では不可能なことをしています。

現在、私たちの教材開発チームが毎月作る算数や数学の問題は1000～2000問に及びます。それを人工知能に出題の選択肢として覚えさせて、どの問題を出すかは任せています。もちろん、**これだけある問題のなかから人間の先生が子どもの集中を切らさずに次の問題を選べと言われても無理です。**

人工知能によってそこまでできるようになって初めて最適化教育と言えると思います。

しかし、いまのQubenaは問題の選択しかできません。そこで、次に考えているのは問題自体を作問する人工知能です。その次は解説文やヒントを自動的に作成できる人工知能に取り組もうと思っています。

自然言語処理技術のおかげでいまの人工知能は自然な文章を書ける（そして喋る）レベルまできています。つまり、相手の理解度に応じて最適な文章を作る技術も遅かれ早かれ実現するはずです。

教える「先生」は、やる気を引き出す「コーチ」に

さて、Qubena Academy の授業には必ず一人のコーチがつきます。

あくまでも知識を教えるのは Qubena です。**コーチは子どもたちに対して「僕のことを先生って呼ばないでね」と念押しをしています。**

それは、どうしても先生という言葉には「知識を教える人」または「偉い人」というニュアンスが含まれてしまうからです。人工知能時代の教育環境にはそぐわないと私は考えています。

コーチの役割は明快です。

生徒のやる気を生み出し、維持すること。

いくら Qubena が子どもの理解度を把握できるといっても、子どものメンタル面の把握とそのフォローまではできません（集中力が切れた、という判断は

できるので、そのときはコーチに通知が入ります）。

とくにメンタル面に大きな影響を及ぼす、家で抱えている悩みなどについては、子どもたちはなかなか素直に語ってくれません。それはさりげないコミュニケーションのなかでわかることです。しかし、Qubena は雑談をしないのでわかりません。

だからこそ**人間のコーチが積極的にコミュニケーションをとり、勉強にフォーカスできるように緩衝材になったり刺激剤になったりする必要があります。**

コーチは管理者用のアプリ「Qubena Manager（キュビナ・マネージャー）」にリアルタイムに映し出される子どもたちの学習状況を随時モニタリングして、同じところで何度もつまずいている子や、集中力が落ちてきている子などのもとへ行って、手を差し伸べます。

私は将来、世界中の教育現場に「AI先生」が行き渡ることをひとつの目標にしています。もしそれが実現すれば、今、働いている先生たちがコーチ役に回っていく流れが起きると思っています。

実はQubena Academyでコーチをしてもらっている塾長も、3年前までは自分自身で学習塾を経営していた「元先生」です。教育コーチングを得意とする先生だったので、お手伝いをお願いしました。

自分で塾を開いていたくらいですから、指導方法には自信があったはずです。それだからか、Qubenaによる授業がはじまった当初、授業が終わったあとのミーティングで「どうしても口出ししたい衝動に駆られるんです」と彼が苦笑していたのが印象に残っています。

しかし、自分が行なう授業よりQubenaのほうがはるかに効率的に問題を出してくれる様子を見て、「教えたい」という感情はすぐになくなったそうです。

AI先生の授業で子どものやる気を引き出す5ステップ

Qubena Academy のコーチ役のように、**自立学習の現場で子どもたちの学習を後押しする役割の人を、アメリカの教育現場では「ジェネレーター＊」と呼びます。「やる気の製造者」とでもいいましょうか。**

生徒のやる気を生み出し、そして維持させるために当塾のコーチが行なっていることは以下のようなことです。

1　目標を明確にしてあげる

やる気を生み出す基本は、目標を持ってもらうことです。

「□□高校に入りたい！」

「学校の補講を抜け出したい！」

ジェネレーター：generator 生成するものという意味。エンジンや発電機に用いられる言葉。

こういった生徒各自の目標を、初回の面接時および定期テストの後にコーチがヒアリングします。

目標を聞かれてその場で即答できない子も当然いますが、答えが出てくるまで辛抱強く待ちます。

頭のなかでボンヤリ考えるのではなく、明確な言葉にして、なおかつ人にしゃべることで、はじめて意識付けが強まるからです。

ちなみに当塾では中学3年間分の数学を平均9カ月で終えられることをひとつの強みにしていますが、生徒に対して「9カ月で数検3級合格を目指そうね！」と目標を押し付けるようなことはしません。

そもそも子どもにとってはあまり意味を持たない数字ですし、あくまでも目標は自発的に湧き出ないと、やる気につながらないからです。

また、初回面談で「目標がない」と答える生徒もたまにいます。

こうした生徒の場合は、よくよくヒアリングをしてみると、親の求める水準が高すぎるケースがあります。

たとえば生徒本人は「B高校くらいでいいや」と思っているのに、親が「A高校に行け！」と日頃から言っているとします。すると子どもは「A高校を目標に設定するなんて無理だ」と思いつつ、「B高校を目標にしたことが親にバレたら怒られる」と思うので、結果、「とくに……（行けるところまで行けばいい）」と答えるのです。

こういう生徒は決して向上心がないわけではないので、現実的な落としどころを聞き出し、両親にご納得いただいてから、はじめて学習をスタートさせるようにしています。

2　目標の達成方法を明確にしてあげる

目標を定めてもらったら、コーチはいろいろアドバイスをしながら生徒にその達成方法を考えてもらいます。

子どものやる気を引き出すコーチの役割

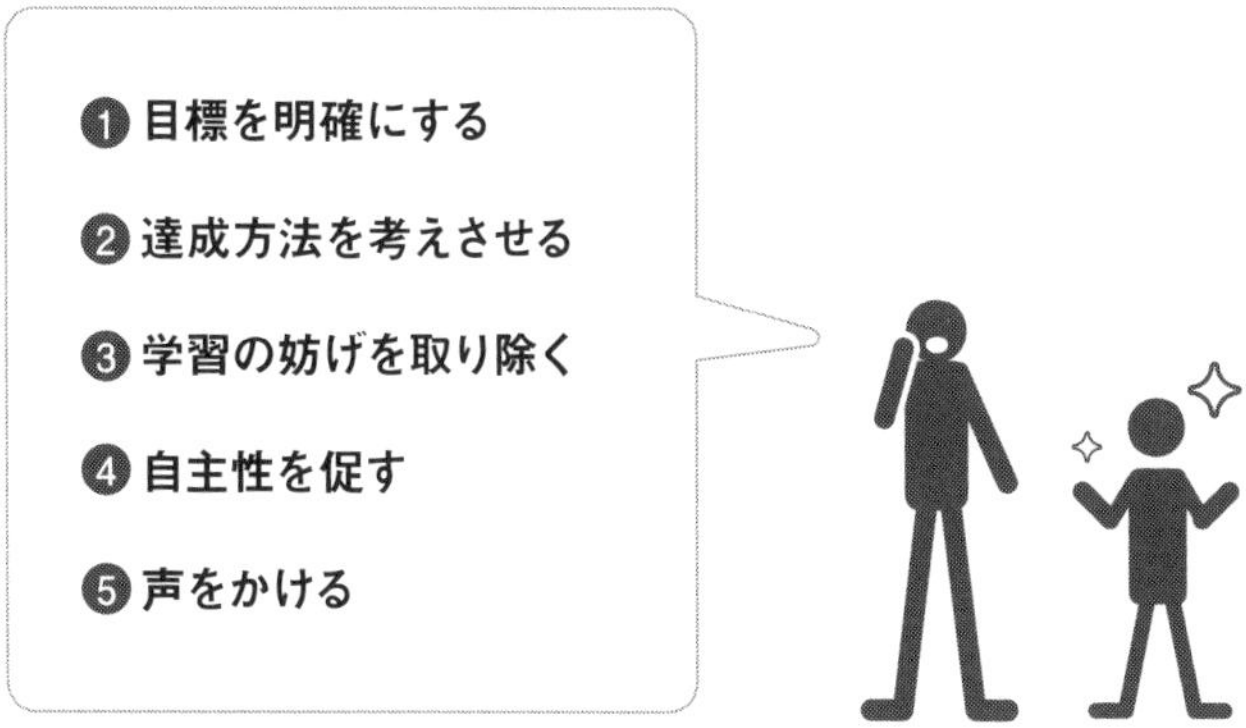
❶目標を明確にする
❷達成方法を考えさせる
❸学習の妨げを取り除く
❹自主性を促す
❺声をかける

当塾に通うのであれば、基本的にはQubenaを解き続けることが達成方法の軸となります。しかし、純粋に生徒の目標を達成することだけを考えれば別の塾に通うとか、独学で学ぶという選択肢もありうるでしょう。そういった別の方法がないかどうかということの確認です。

また、この段階では本当に当塾でいいのか本人に納得してもらうために、Qubenaによる体験学習もしてもらいます。

決めるのはあくまでも生徒（と保護

者）であって、私どもも後押しはしますが、強制はしません。いくら目標が明確でも、達成方法に自信がないままでは、やる気が生まれないと思っているからです。

3　学習の妨げとなるものを取り除く

もし生徒が家庭で問題を抱えていることがわかったら、親と生徒、そしてコーチによる三者面談の席を設けて、問題解決にむけて動きます。

生徒は自分の考えを論理的に伝える力が成長段階であるため、大人と対話する際は立場が弱くなりやすいですし、親子だけで話すと感情的にもなりがちです。

そのため**コーチは生徒と親の間に入り、議論が建設的なものになるように努めます。**

4 学習は自主性に任せる

目標とその達成方法が決まればQubenaを使い続けることで生徒は自走できます。そこで勉強をちゃんとするかどうかは、基本的に自己判断。

「なんで宿題をやってこなかったんだ！」と怒ることは絶対にしません。

子どもですから、自主性に任せていると失敗することもあります。そのときはコーチが生徒と失敗の原因を一緒に考える機会を設けます。

たとえば、かつて進捗が大幅に遅れていた生徒にヒアリングをしたところ、スマホの使いすぎで勉強に支障をきたしていることが判明したことがあります。

彼の場合は明確な志望校があったため、その目標をコーチと再確認し、合格のために必要なことを改めて考えてもらいました。

結果的にはスマホが原因であることを本人も痛感し、それ以降、スマホは塾ではコーチに、自宅では母親に預けるようになり、勉強にメリハリがつきました。

5　1回の授業で2回は声をかける

1回50分の授業の間で最低2回は生徒とコミュニケーションをとるようにしています。その主な目的は生徒のコンディションを知るため。

何かに悩んでいたり、いつも以上に疲れていたりしないかに気を配り、異変があるときは生徒の声に耳を傾けます。

AI先生は家庭学習で使えるのか？

「それだけ便利なら家で母親がコーチをすることは可能でしょうか？」という

お問い合わせもたまにいただきます。Qubena Academyは当初、通塾型のみでの募集でした。しかし、近隣にキュビナを導入している塾がない方からの強い要望があったため、ご自宅のタブレット端末からでも人工知能型教材で学習できる「Qubena Wiz*（キュビナ・ウィズ）」というサービスを2017年より始めました。

このQubena WizでもQubena Academyと同様に当塾のコーチが学習進捗を管理し、チャットを使って子どもとコミュニケーションをとっています。また、塾のコーチが介入せず、親が子どもに直接コーチをすることも可能だとは思います（当塾がそのようなプランを提供するかは未定です）。しかし、その場合注意して欲しい点があります。それはコーチに比べ子どもとの距離が近くなるということです。**第三者の視点からやる気を引き出すことが重要で、「もっと勉強しなさい」など主観的な意見を言ってはいけません。**

コーチングで大切なことは、人間ならではの温もりであることは間違いないのですが、同時に客観的で冷静な目を持つことも重要です。

Qubena Wiz：https://wiz.qubena.com

親の多くは子どもを評価するときに、どうしても「いい子か悪い子か」、「できる子かできない子か」といった総合評価をしてしまいがちです。これがいけないのです。

たとえば、計算が速いかわりにたまに凡ミスをすることがある生徒がいれば、当塾のコーチはまず計算が速いことを褒めます。

そうやって子どものやる気を高めたうえで、「せっかく計算が速いなら、正解率上げたくない？」と問いかけ、「もうすこし丁寧に解いてみようかな」という気にさせるのです。

これはCHAPTER1の「極める力」のトレーニングに近いものがあって、**失敗したときはその子の課題をできるだけ絞り込んだ形で気付かせることが重要です。**

計算ミスをして点数が悪かったからといって、「算数苦手よね」と言ってしまっては算数に対する自信を完全に無くしますし、点数は取れているのに「姿勢が悪い！」と怒られたら子どもは勉強自体を嫌いになりかねません。

未来の学校では、子どもごとに最適化された科目を学習する

仮に学校教育の現場であらゆる授業が人工知能によって最適化されていくと仮定すると、なにが起こるでしょうか。

まず、学年という概念がなくなります。

実際、**Qubena Academyでは学年の違う子どもたちが一緒に勉強していますが、なんの不都合もありません。**「あなたは10歳だからこの問題を解きなさい。この子たちと遊びなさい」というシステム自体が無茶苦茶な話だと思いま

すし、個別に学習できる環境ができれば飛び級は当たり前のことになると思います。

また、従来より授業の時間が圧倒的に短くなることによって、時間が余りすぎる事態も想定できます。

そのとき、私が理想とするのは余った時間でその子にあわせた個別の授業を行なうことです。

音楽で並外れた才能を持っている子には「一流の演奏を聴かせる授業」や「第一線のプロが遠隔で教える授業」があったり、面白い発想ばかり思いつく子には「デザインの授業」や「プレゼンの授業」があったりしてもいいと思うのです。

世の中には国社数理英5科目の成績が悪い子はいても、才能がない子はいないというのが私の考え方です。だから学ぶ科目がどんどんカスタマイズされていく学校（もちろん、親の合意のもとで）こそが理想だと思いますし、学校はその子の人生をトータルで考えてあげる機関であってほしいと思います。
近い将来、人工知能を使えばその適性判断は十分できるようになるはずです。

ＡＩ先生がすべての科目を教えられるのか

Qubenaが扱っているのは小学校高学年から中学生までの算数と数学のみ。２０１７年春からは小学校１年生から高校１年生まで対応させますが、ほかの科目への対応も鋭意開発中、もしくは検討中です。

科目によって教材化のしやすさは変わってきます。

基本的に学校で習う科目は、数学や英語のように論理的な理解を積み重ねていくことがメインになるものか、理科や社会、国語（漢字）のように、ひたすら暗記をするものがメインになるものの２パターンに大きく分けられます。

暗記ものは忘却曲線*に合わせて問題を出せばいいだけなので、技術的には難しくありません。難しいのが論理性かつ積み重ねが必要な科目で、そのなかでも数学が一番難しいと思っています。そのハードルがクリアできたことはとても大きな意味があります。

ただ、その2パターンにはまらない科目もあります。

ひとつは体育や技術や音楽などの実技系です。実技に関してはさすがにタブレットだけで対応することはできません。

それこそIoT技術を使って、「正しいフォームで走れているのか」「ヤスリのかけ方が丁寧か」「音程を外していないか」といったことを人工知能に判断させるようなことは可能でしょう。

少し厄介なのが、国語の作文や美術といったクリエイティブな作業です。

作文や美術に共通するのは、先生の主観で点数がつけられるということ。

忘却曲線：時間経過により記憶が忘れられることを表した曲線。心理学者のヘルマン・エビングハウスによるものが有名。1日経過すると記憶は74%失われてしまうというもの。翌日の復習が大切。

文学賞を取る作品にしても、高値のつく現代アートの作品にしても、評価の手法が体系化されていないことと同じで、「何が良くて何が悪いのか」という価値規範が確立されているとは思えません。

よってこうした科目を人工知能で扱えるようにするには、**機械的にどう実現させるかという問題より、人間のもつ「良し悪し」の概念を明文化できるかが鍵を握ります。**

これは、考え出すととても興味深いテーマです。

ディープラーニングを使えば、世界中の小説なりアートをその価格やレビュー、作者の知名度などと合わせて学習させることによって、「この作者がつくったこの作品なら、市場でこれくらいの価格がつくでしょう」といった算出は技術的に可能です。

でも、この評価手法だと、いままでにない独創的な作品が登場したときに、参考になるデータがないので人工知能は評価ができません(いかに珍しいかという評価はできますが)。

そう考えると、そもそも学校の授業でクリエイティブな作業をさせるときに無理やり「5」とか「4」といった評価をつけることに意味があるのか、という話にもなってきます。

いま学校にいる「優れた国語の先生」や「優れた美術の先生」とはどういう人なのかを考えると、子どもたちを文学の世界やアートの世界にモチベートすることがうまい先生たちのことだと思うのです。

これからの教育を変えるエドテック（EdTech）

教育に革命を起こす技術のことをエドテック（EdTech）と言います。 今後ますます注目されるワードになりますし、人工知能を使った学習の効率化を実用化している企業が世界で何社も出てきています。

まずはそういったサービスを全国の学習塾や受験予備校や資格予備校などが積極的に導入し、お互いがしのぎを削ってサービス（教育）の質をあげ、実績もついてくれば、日本、そして世界の教育のあり方を一変させることができると思います。

学校はよくできたシステムです。どんな生まれの子であろうと平等に漏れなくみんな同じ箱に収めて勉強させている。しかも、人間は生まれながらにして勉強しないといけないわけではないのに、国が教育というものをシステムに落とし込んでいる。これはすごいことです。

あとはその箱のなかで何をやるのかということだけがしっかり変わっていって欲しいと願うばかりです。

日本の教育が人工知能時代に対応し、実際に変わるのか。

２０１４年４月のデータでは日本にある学校の数は幼稚園から大学院まですべて含めて５万６４１９校。教員は１８９万６５３７人もいます。これだけの巨大産業を変えるのは容易ではありません。

ゆとり教育が終焉したのはＯＥＣＤの生徒の学習到達度調査（ＰＩＳＡ*）での国別ランキングで日本の順位が大きく下がったことが国会で問題視されたことがきっかけでした。

これと同じように、**外的なインパクトをきっかけに教育改革が起きる可能性はあります**。ただ、相当大きなインパクトでないとあまり変わらないと思っています。

たとえば他国での人工知能型教材の導入が進んで、その効果が実証された上で、日本のＰＩＳＡの順位がＯＥＣＤ平均を下回るくらいの大激震が起きないと改革は難しいかもしれません。

しかし、一部の先生や教育関係者は人工知能の重要性を知り、広めようとし

ＰＩＳＡ：３科目あり、直近の２０１５年の日本の順位は数学５位、読解８位、科学２位。ちなみにシンガポールが３科目で1位、香港が２科目で2位。

ています。その動きがこれから大きくなっていくことで、実際の教育の現場も確実に変わっていくと思っています。

おわりに

私なりの「子育て論」にお付き合いいただき、本当にありがとうございました。

最後に、私の夢を少しだけ語らせてください。

私が目指しているのは、地球上の人々が笑顔に満ちた明るい未来です。

私たちの現時点の目標は世界の子どもたちに圧倒的な学習効率で勉強できるプロダクトを届けることです。最適化教育が行き渡れば、子どもたちが未来に備えるための時間が生まれる。そして知の底上げを図り、貧困や争いをなくすことができます。そのためにも、Qubena および Qubena Academy を全世界に広げていきたいと思っています。

このような話をすると「ただの空想ではないか」とお叱りを受けることもあ

ります。とくに、争いごとがなくなるなどありえない、と。

たしかに今までの人類史ではそうでした。でも、国や宗教間の争いは幸せの歪みから生じるものであり、歪みの原因の大半は貧困や経済格差です。

しかし、2045年になればテクノロジーの力で世界中の国の生活水準が上がります。もはや餓死者や医療不足で亡くなる人はいなくなるでしょう。雨風をしのぐ場所を確保することに困る人もいなくなります。

これほど恵まれた環境を人類は経験したことがありません。

これぞ千載一遇の好機です。

私はそんなチャンスが到来するときだからこそ、世界中の人々が自分の立ち位置を確立し、自分なりの幸せをしっかりと享受してもらえるような社会を作りたいのです。

この本を通じて、もし私の夢に少しでも共感していただけたら幸いです。

最後に、「世の中のお父さん、お母さんたちに警鐘を鳴らしたい」という私の願いを出版という形で実現をしていただいたディスカヴァー・トゥエンティワンの編集担当林拓馬さん（新人パパ）、私の取り止めのない話を1冊の本にまとめていただいたライターの郷和貴さん（同じく新人パパ）、素晴らしい装丁をしてくださった井上新八さん、ありがとうございました。

そして、卒業以来久しぶりに会って、いきなり「人工知能型教材を作ってくれ」という私の無茶振りを二つ返事で受けてくれ、気合いで形にしてくれた当社副社長の小川正幹、ならびに開発スタッフのみんな、ありがとう。これからも無茶振りをさせてもらいます！

八王子のCOMPASS時代のみんな、Qubena Academyのみんな、この本をお読みいただいた方のお子さんたち、そして世界中の子どもたちに、輝かしい未来が待っていることを祈って。

2017年3月吉日

神野元基

人工知能時代を生き抜く子どもの育て方

発行日　2017年　4月　20日　第1刷
2017年　4月　25日　第2刷

Author | 神野元基

Book Designer | 井上新八

Photo | da-kuk/E+（カバー）,Coneyl Jay/The Image Bank , Westend61（本文）/ Getty Images

Publication | 株式会社ディスカヴァー・トゥエンティワン
〒102-0093　東京都千代田区平河町2-16-1 平河町森タワー 11F
TEL　03-3237-8321（代表）
FAX　03-3237-8323
http://www.d21.co.jp

Publisher | 干場弓子
Editor | 林拓馬（編集協力：郷和貴）

Marketing Group Staff | 小田孝文　井筒浩　千葉潤子　飯田智樹　佐藤昌幸　谷口奈緒美　西川なつか　古矢薫　原大士　蛯原昇　安永智洋　鍋田匠伴　榊原僚　佐竹祐哉　廣内悠理　梅本翔太　奥田千晶　田中姫菜　橋本莉奈　川島理　渡辺基志　庄司知世　谷中卓　小田木もも

Productive Group Staff | Staff　藤田浩芳　千葉正幸　原典宏　林秀樹　三谷祐一　石橋和佳　大山聡子　大竹朝子　堀部直人　塔下太朗　松石悠　木下智尋

E-Business Group Staff | 松原史与志　中澤泰宏　中村郁子　伊東佑真　牧野類　伊藤光太郎

Global & Public Relations Group Staff | 郭迪　田中亜紀　杉田彰子　倉田華　鄧佩妍　李瑋玲　イエン・サムハマ

Operations & Accounting Group Staff | 山中麻吏　吉澤道子　小関勝則　池田望　福永友紀

Assistant Staff | 俵敬子　町田加奈子　丸山香織　小林里美　井澤徳子　藤井多穂子　藤井かおり　葛目美枝子　伊藤香　常徳すみ　鈴木洋子　住田智佳子　内山典子　谷岡美代子　石橋佐知子　伊藤由美　押切芽生

Proofreader | 株式会社鷗来堂
DTP | アーティザンカンパニー株式会社
Printing | 中央精版印刷株式会社

ISBN978-4-7993-2061-7